허태정의

변화와 도약
오늘을 넘어 내일로

결심

허태정의 결심

변화와 도약
오늘을 넘어 내일로

2025년 12월 5일 인쇄
2025년 12월 13일 발행

지 은 이 / **허태정**
펴 낸 이 / **성정화**
펴 낸 곳 / **도서출판 이화**
대전광역시 중구 대종로505번길 54 장현빌딩 2층
TEL : 042-255-9708

ISBN 978-89-6439-212-6 03810

추천사

대전의 과거와 현재와 미래를 관통하는 책

박범계 _ 국회의원

허태정의 비하인드 스토리인 『허태정의 결심』은 한 정치인이 지나온 여정을 차분하고도 깊이 있게 담아내고 있습니다. 이 책은 그가 대전을 이끌던 시기 직면한 수많은 도전과 과제를 사실적으로 기록하며, 나아가 그 상황 속에서 어떤 결단과 전략으로 난관을 돌파해 나갔는지 명확히 보여줍니다. 이는 한 행정가가 위기 앞에 어떻게 사고하고 움직이는지에 대한 귀중한 기록이기도 합니다.

정치는 속도와 균형, 그리고 소통의 예술입니다. 허태정 전 시장은 시민과의 대화를 토대로 문제를 진단하고, 성급함도 지체도 아닌 적정한 호흡으로 과제를 해결해 나갔습니다. 시민과 함께 정책을 설계하고 실행해냈으며, 변화가 몰아치는 국면에서도 흔들림 없이 방향을 유지했습니다. 이는 국가 · 도시 행정을 넘어, 공공을 다루는 책임자의 자세가 어떠해야 하는가를 차분히 일깨워 줍니다.

정치와 행정이란 살아 움직이며 끊임없이 변하는 영역입니다. 자신의 철학과 가치를 관철해 내는 일은 늘 긴장과 선택의 연속입니다. 이 책은 그러한 과정 속에서 흔들리지 않는 중심과 책임 있는 의사결정이 어떻게 축적되고 도시의 미래로 이어지는지를 증언합니다. 허태정 전 시장의 시정 4년은 '시민 중심'과 '과학 기반의 창조'라는 원칙 위에 축적된 시간이며, 과학수도 실현, 글로벌 창업도시 기반 조성, 시민참여예산 확대와 숙의민주주의 도입 등은 그 철학을 구체적인 성과로 남겼습니다. 더불어 AI·미래도시 청사진과 국가균형성장을 향한 정책 제안은 대전의 미래가 어떤 방향으로 열릴 수 있는지를 보여주는 비전의 기록입니다.

독자께서는 이 책을 통해 허태정이 걸어온 길, 오늘의 자리, 그리고 그가 향하고자 하는 미래를 함께 마주하시게 될 것입니다. 그의 발걸음 속에 담긴 고민과 성취, 그가 그렸던 도시의 꿈은 우리 모두가 참고하고 되새겨야 할 가치입니다. 이 책이 대전의 미래를 고민하는 이들에게, 그리고 공공의 일을 맡은 모든 이들에게 영감을 줄 것이라 확신합니다.

추천사

'도시의 속도'보다 '시민의 숨결'을 우선한 지도자

염홍철 _ 국립한밭대 명예총장, 4대·8대·10대 대전광역시장

국가나 사회 각 분야가 모두 그렇지만 특히 한 도시는 리더의 마음을 품고 성장합니다. 한 사람의 시선이 정책이 되고, 그 정책이 시민의 일상에 스며들며 도시의 품격을 만들어 냅니다. 허태정 전 시장의 신간을 읽으며, 대전을 향해 그가 기울여 온 애정과 책임의 깊이를 다시금 느낄 수 있었습니다. 한 권의 책이지만, 그 속에는 도시를 어떻게 바라보고 시민을 어떤 마음으로 대했는지가 자연스럽게 드러나 있습니다.

행정은 말보다 삶 속에서 평가됩니다. 시민이 체감하지 못하는 정책은 기록 속 문장에 머물지만, 시민의 생활을 바꾸는 결정은 도시의 역사에 오래 남습니다. 책을 읽는 동안, 허 전 시장이 화려한 언어나 거

창한 비전보다 시민의 하루를 먼저 살폈다는 사실이 차분하게 전해졌습니다. 그 절제된 태도와 균형 잡힌 판단은 시정을 이끄는 리더에게 필요한 덕목이었습니다. 특히 마음에 깊이 전해지는 메시지는 그의 시정이 언제나 '현장'에서 출발했다는 점입니다. 허 전 시장은 시민이 실제로 느끼는 변화를 무엇보다 중요하게 여겼습니다. 복잡한 논의를 현실적 해법으로 전환하는 실행의 리더십을 갖추었고, 그의 판단은 늘 현장의 목소리에서 시작되었음을 알 수 있었습니다.

이는 단순한 행정 방식이 아니라 도시를 대하는 철학입니다. 문제를 삶의 자리에서 찾고, 그 해법을 시민의 경험 속에서 구하는 태도는 쉽게 얻을 수 있는 자질이 아닙니다. 저는 그 점에서 허 전 시장이 '도시의 속도'보다 '시민의 숨결'을 우선한 지도자였음을 확인할 수 있었습니다. 책의 문장 곳곳에는 시민을 향한 진심이 담겨 있습니다.

정책을 설명하는 대목에서도, 도시의 미래를 논하는 과정에서도 중심에는 언제나 '사람'이 있습니다. 행정을 제도나 구조가 아닌 '삶의 문제'를 다루는 일로 이해한 결과라 생각합니다. 리더에게 가장 본질적인 덕목은 결국 시민이나 공직자 한 사람 한 사람을 존중하면서 그 분들을 얼마나 깊고 진지하게 바라보았는가에 달려있습니다. 허 전 시장의 기록은 그 질문에 대한 신중하고도 단단한 답이 됩니다.

도시의 미래는 큰 구호나 선언에서 만들어지지 않습니다. 더더욱 과정을 무시하고, 오직 과장된 치적만을 앞세운다면 지속가능한 발전은 기대하기 어렵습니다. 그런 의미에서 이 책은 단순한 회고가 아니라,

대전이라는 도시를 누구보다 가까이에서 살피고 고민해 왔으며, 항상 겸손함을 잃지 않는 한 리더의 성찰이자 제안입니다. 이 기록이 앞으로 도시를 이끌어갈 여러 리더에게도 귀한 방향을 비추는 참고가 되기를 바랍니다.

허태정 전 시장의 신간 출간을 진심으로 축하합니다. 대전을 사랑하는 한 사람으로서, 그리고 같은 책임을 짊어졌던 전직 시장으로서, 그의 기록이 시민들에게 깊은 울림을 전하고 도시의 미래를 향한 논의에 좋은 기반이 되기를 기대합니다.

추천사

소리없이 강한 허태정의 결심

조승래 _ 국회의원

『허태정의 결심』은 허태정의 생애와 정치 여정을 담은 책입니다. 대전 지역과 시민들을 위해 고군분투했던 그의 기록과 우리가 잘 몰랐던 대전시장 허태정의 노력들을 생생하게 느낄 수 있다는 점에서 인간 허태정을 이해하는데 더 없이 좋은 기회입니다.

특히 대전에 대한 애정과 대전의 미래를 위해 허태정이 어떤 결심을 해왔는지 엿볼 수 있는 책이기도 합니다. '안전한 자리보다 현장을 택한다'는 그의 신념과 '행정이 아닌 약속을 지킨다'는 결심, '정치보다는 공동체를 선택하겠다'는 뚝심이 책에 잘 녹아 있습니다.

대전시민들에게 사랑받던 '온통대전'의 탄생 비화나 얼마 전 대전시민 모두를 열광하게 했던 한화이글스의 본거지인 '대전한화생명볼파크'에 얽힌 생생한 경험담은 허태정이 대전시민들을 위해 어떤 행정을 해 왔는지 다시금 상기할 수 있는 대목입니다.

또한, 지역균형발전이라는 시대적 과제 앞에서 '대전'이 갖는 상징성과 중요성을 생각할 때, 허태정이 가졌던 문제의식과 비전은 우리 모두에게 많은 생각할 거리를 던져줍니다.

이처럼 온통 '대전'만 생각하던 허태정이 지금껏 지켜왔고, 앞으로도 지키겠다고 다짐한 자신의 '결심'을 책으로서 시민들에게 소개하고 있습니다.

이 책을 통해 허태정이라는 한 사람이 걸어온 길을 돌아보고 그 발자취가 지금 어떤 의미를 갖는지 함께 살펴볼 수 있는 뜻 깊은 시간이 될 것입니다. 허태정이 거쳐왔던 여정을 통해 우리 사회가 나아가야 할 방향을 함께 고민하고, 우리가 추구해야 할 미래 비전을 공유하는 기회가 될 것입니다.

내가 알고 있던 허태정 또는 내가 잘 몰랐던 허태정, 모두 이 책을 통해 확인할 수 있는 좋은 기회입니다.

『허태정의 결심』을 통해 이 책을 읽는 모든 분들이 새롭고 확실한 결심을 하실 수 있는 계기가 되길 바랍니다.

추천사

겸손과 배려가 몸에 밴 허태정

황순성 _ 초등학교 은사님

허태정, 그는 내 마음속에 겸손과 배려, 포근한 마음을 가진 사람으로 기억된다. 내가 그를 처음 만난 것은 교육대학을 졸업하고 첫 발령을 받았던 충청남도 예산군 대술면 장복리 장복초등학교 3학년 1반 담임을 맡으면서다. 벌써 52년이 넘어가지만 아련하게 떠오르는 기억 중에 아직도 또렷하게 남아있는 몇 가지는 지금의 허태정을 만들게 된 예견된 밑거름이지 않았을까 생각해 본다.

그 당시 3학년은 62명씩 두 개 반 124명이다 보니, 큰 소리가 나오지 않을 수 없었다. 내가 크게 화를 내는 일이 종종 있었다. 그때 "선생님! 저희가 떠들지 않고 열심히 공부할게요. 화내시면 건강에 좋지 않으세요"라고 허태정이 말하는 것이었다. 그 말에 스르르 화가 풀렸다. 나 스스로 학생들 앞에서 크게 화를 냈던 행동에 대해 반성해 보며 바른 교사가 지녀야 할 품성을 길러 가는 계기가 되었다. 지금도 생각해 보면 그런 상황에서 3학년 학생이 어찌 그런 표현을 할 수 있었는지, 참으로 대견스럽다.

아울러 남을 배려하는 마음도 깊었다.

어려운 친구를 돕고 배려하여 항상 친구들이 많았다. 그런 마음은 그의 가족사에서 읽을 수 있다. 그의 할아버지와 아버지께서는 지역 교육사업에 관심과 기여가 크셨고, 그의 어머니는 어려운 이웃을 챙기는 일을 생활 속에서 실천한 분이셨다. 남을 배려하는 집안의 가풍이 허태정의 무의식 속에 자리 잡은 이유가 아닐까 싶다.

그는 교육에 대한 열정도 대단했다. 유성구청장 시절 학생들의 독서교육 필요성을 깊이 인식하여 구청 소속 모든 학교에 도서 구입비를 지원해 주었다. 그 당시 유성구의 학교 교장으로 근무했던 나도 제자가 고맙고 자랑스러웠다. 스승의 날이 되면 꼭 찾아와 스승에 대한 예절을 갖추고, 가끔씩 전화하여 건강도 챙겨 묻는 자식 이상의 제자이다.

아무쪼록 『허태정의 결심』을 읽는 많은 사람들이 그의 바른 모습을 다시 한번 되새기는 계기가 되고 그의 미래에 함께하기를 기원해 본다.

허태정의 스승으로 나는 감히 이렇게 말하고 싶다.

"그는 배려와 부드러움 속에서도 항상 낮은 자세로 어려운 사람들을 도와주며, 남을 이끌어 나갈 수 있는 선도적인 지도력을 갖춘 선진 리더로서의 모든 면을 갖춘 사람이라고…."

앞으로 허태정의 앞날에 남을 위해 봉사하며 도와줄 수 있는 또 다른 길이 열리기를 스승으로서 축원한다.

목 차

머리말

빛의 광장에서

2024년 12월 3일 밤 10시 30분경. TV를 켜는 순간 '비상계엄 선포'라는 빨간 글씨 자막이 보였다. 고개를 갸웃하며 다른 채널로 돌렸다. "빠른 시간 내에 반국가 세력을 척결하고 국가를 정상화 하겠다"는 내용이 반복되고 있었다. 믿을 수 없는 상황이었다. 도대체 21세기 대한민국에서 이게 있을 수 있는 일인가. 꿈을 꾸는 건가. 볼을 꼬집어 봤지만 꿈은 아니었다.

'비상계엄', 이 얼마나 무서운 말인가. 1970년~1980년대 군사독재를 겪어본 사람들은 안다. 특히 군사정권에 저항하다 체포되어 고초를 겪어본 사람들이라면 더더욱 그 공포를 잘 안다. 1980년대 조직 사건으로 보안대에 끌려가 고문받았던 한 선배는 그날 밤 계엄 선포 소식에 급히 짐을 꾸려 도피하려고 했단다. 아파트 거실의 커튼을 살짝 열고 집 주변을 살펴보았다. 별다른 낌새는 없었다.

"이 나라는 어떻게 되는 거지?"

머릿속이 복잡했다. 옷가지를 챙기면서도 눈은 TV에 고정됐다. 뭔가 미심쩍었다. 비상계엄인데, 너무도 어설펐다. 지금쯤 길거리는 군인들이 장악하고 있어야 하고, 벌써 체포조들이 집으로 들이닥쳐야 했다. TV로 본 국회 상황은 혼란스러웠다. 뒤늦게 헬리콥터가 국회에 착륙하고 군인들이 들이닥쳤지만 일사불란함과는 거리가 멀어 보였다. 몇몇 군인들이 국회 창문을 깨 진입을 시도했고 이에 맞서 안에서는 소화기를 뿌리며 저지하는 모습이 보였다. 수많은 시민들이 국회로 몰려나와 장갑차를 막아섰고, 출동한 군인들과 대치하는 장면도 연출됐다.

"맞다! 대한민국이 어떤 나라인데…"

담을 넘은 국회의원들이 본회의장에 속속 모여드는 모습이 보였다. 군인들의 굼뜬 모습과 우왕좌왕하는 광경을 보며 '비상계엄 실패'를 예상했다. 긴장과 불안 그리고 안도까지 찰나의 시간이 흘렀다.

추위 속에서 빛의 광장으로 달려 나갔다.

저마다 빛을 손에 들고 광장 가득 메운 시민들의 모습을 가슴 벅차게 지켜보았다. 춥디추운 내란의 겨울, 시민들은 그렇게 뜨거운 연대의 힘으로 이겨내고 있었다. 손에 손잡고 들어 올린 빛으로 칠흑 같은 내란의 어둠을 물리쳤다.

칼바람 몰아치는 빛의 광장에서 나는 뜨거웠던 1987년 6월의 아스팔트 광장을 떠올렸다. 최루탄이 난무한 거리에서 "독재 타도, 직선제 쟁취"를 외쳤던 6월 항쟁은 한국 민주주의를 되살린 역사적 기점이었다. 수많은 사람의 희생과 헌신으로 군사독재를 끝내고 민주주의를 쟁취한 그 역사가 40년도 채 안 되어 한순간 나락으로 떨어질 뻔했다는 사실에 절로 몸서리가 쳐졌다.

거의 매주 시민들과 함께 목소리 높여 외쳤던 그 시간 속에서 새롭게 깨달았다. 서로가 먹고살기 바쁘고, 미디어의 발달로 사람과 사람의 관계가 단절된 사회라 생각했는데 실상은 그렇지 않았다. 시민들이 사회에 목소리를 내지 않고, 소극적이며 정치에 무관심할 것이라는 생각 또한 오산이었다. 막상 국가적인 위기 상황이 닥치니 많은 시민이 거리로 나와 저항하고, 이를 축제로 승화하는 기지를 발휘했다.

순식간에 전국 각지에 빛의 광장이 만들어졌다. 민주주의를 세우는 것은 어려워도 무너지는 것은 한순간이다. 매주 복잡한 심경을 안고 대전 은하수네거리로 달려 나갔다. 집회 때마다 목소리를 내는 시민들의 높은 정치 수준을 바라보며 '대한민국의 선진 국민 의식'에 안도하는 한편 정치인의 한 사람으로서 미안한 마음이 들었다.

내란 종식을 위한 시계추는 움직이기 시작했다. 다시는 이 땅에 역사가 후퇴하는 일은 없어야 한다. '대한국민'은 위대하다는 사실을 빛의 광장에서 보여주었다. '세상을 밝게 비추는 문', 광화문光化門 광장에 서서 마침내 우리 곁으로 돌아온 민주주의의 봄날을 기다리며 하늘을 바라본다.

빛의 광장에서 다짐한 내용을 기록했다. 무엇을 어떻게 결심했는가를 보여드리고 약속의 의미로 돌에 새기듯 활자로 새겼다. 과거를 되돌아보고 오늘에 어떤 의미가 있는지도 살펴보았다. 그리고 대전의 내일을 그려보았다. 읽는 분들에게 조금이나마 나의 진심을 보여드릴 수 있다면 좋겠다.

그동안 음으로 양으로 응원해 주신 대전시민 모두에게 감사의 인사를 드린다.

2025년 12월

허 태 정

허태정의

결심

새로운 대전 시민의 힘으로

1 새로운 대전의 숨은 이야기

01 "화끈하게 합시다" '온통대전'

02 날아라 '한화이글스', 달려라 '대전하나시티즌'

03 밀가루 애호가 모두의 축제를 만들다

04 정부와 담판진 혁신도시와 지역인재 채용

05 만델라 티셔츠가 가져다 준 글로벌 총회

06 화재와 수해 솔선하니 뛰더라

07 응답하라, 대전방역시

허태정의

결심

"화끈하게 합시다" '온통대전'

가장 자랑스러운 정책

"온통대전이 있을 때가 참 좋았는데, 없어지니 너무 안타까워요."

"온통대전 쓰는 재미가 있었어요. 충전하면 캐시백이 붙고 생활비도 절약되어 참 좋았어요."

"우리 소상공인들한테는 참으로 빛과 같았죠. 코로나19를 온통대전으로 극복했다 해도 과언이 아닙니다."

거리에서 시민들을 만나면 가장 먼저 듣는 말이다. 그 한마디 한마디에 담긴 감정이 생생하다. 민선 7기 대전시장으로서 가장 자랑스러운 정책이 무엇이냐고 묻는다면, 나는 주저하지 않는다.

'온·통·대·전'

그리고 전직 시장으로서 가장 안타까운 일 하나를 꼽으라면, 역시 '온통대전 폐지'다.

'온통대전'은 전국적으로도 가장 성공적인 지역화폐였다. 대전 인구가 145만 명인데, 14세 이상에게 자격을 주어 100만 장 가까이 발급되었으니 거의 전 시민이 발급받아 사용했다고 해도 무리가 아니다. 특히 코로나19 팬데믹에서 전통시장 소상공인들의 희망이 됐고 지역사회 선순환 경제에 기여했다. 아마 대한민국 지역화폐에서 이렇게 인기 있던 화폐는 없을 것이다.

처음부터 순탄하진 않았다. 지역화폐는 특정 지역에서만 통용되는 대안 화폐로, 자본 유출을 방지하고 골목상권 활성화를 위해 발행된다. 지금이야 거의 모든 지역에서 발행하기 때문에 그저 일상의 화폐지만 내가 취임할 당시만 해도 몇몇 협동조합이 실험적으로 운영했던 정도였다.

언제부턴가 동네의 조그만 나의 단골 가게들이 하나 둘 씩 문을 닫았다. 전통시장은 손님이 끊겼고, 사람들은 대형마트로, 온라인으로 향했다. 편리함을 택한 순간, 돈은 지역을 떠났다. 거기에 더해 느닷없이 들이닥친 코로나19는 자영업자들을 벼랑 끝으로 내몰았다. 서울로, 해외로 자본이 새어 나갔다. 그게 바로 '역외유출'이다. 이대로는 안 되겠다고 생각했다.

"돈이 지역 안에서 돌게 해야 한다."

이 단순한 생각에서 출발했다. 돈이 돌면 숨이 돌고, 숨이 돌면 사람이 산다.

2019년 여름, 대덕구가 먼저 '대덕e로움'을 발행했다. 월 20만 원 한도에 5% 캐시백. 좋은 시도였다. 하지만 나는 더 큰 그림을 그리고 있었다. 한 구역이 아니라 대전 전체가 함께 쓰는 화폐. 그게 진짜 효과를 낼 거라고 믿었다. 또한 혜택을 대폭 늘려야 한다고 생각했다. 혜택이 커야 효과도 좋을 것 아닌가. 촘촘하게 설계해야 했다. 그래서 준비할 시간이 더 필요했다.

대전광역시 지역화폐
온통대전 출시 기념식

"이왕 하는 거, 통 크게 합시다"

명칭은 시민 공모를 통해 '온통대전'으로 결정했다. 이 이름에는 다양한 뜻이 담겼다. '온ON'은 우리말로 '모두', '전부', '세상'이라는 뜻이다. '통通'은 한자어로 '통하다', '소통하다'로 경제가 돌고, 돈이 통용되고, 이를 통해 세상과 소통한다는 의미다. '대大'는 말 그대로 '크다'는 뜻이고 '전錢'은 '돈'이다. 두 글자를 합친 '대전大錢'은 '큰돈'을 말하는데, 많은 사람들이 사용해서 큰돈을 벌었으면 좋겠다는 의미를 넣었다.

더불어 우리가 사는 도시 '대전大田'이라는 뉘앙스를 풍김으로써 중의적으로 표현했다. 이 네 글자를 합치면 '모두에게 통용되는 큰돈이자 대전시민 소통의 매개체'라는 뜻이 될 터이다. 이름부터 따뜻했다. 처음에는 그저 "괜찮네" 했는데, 시간이 지날수록 정말 잘 지었다는 생각이 들었다.

설계를 맡은 담당 공무원들과 전문가들에게 "화끈하게 규모를 키워달라"고 주문했다. 14세 이상 전 시민, 월 한도 100만 원, 캐시백 15%. 누가 봐도 파격이었다. 위기 앞에서는 결단이 필요했다. 이왕 하는 거 화끈하게 해보자는 생각이었다.

"아낄 게 뭐가 있습니까. 지금은 시민을 살려야 할 때입니다."

그 한마디로 방향이 정해졌다. 정부도 호응했다. 3년간 국비 1896억 원, 시비 2805억 원이 투입됐다. 그 예산이 대전의 핏줄을 다시 돌게 했다. '온통대전'은 발행되자마자 폭발적인 반응을 얻었다. 2021년 상반기 중으로 예산이 거의 소진될 정도여서 한동안 구매 한도를 100만원에서 50만원으로 축소할 수밖에 없었다. 나는 행정안전부 문을 수없이 두드렸다.

"이건 카드가 아니라 시민의 생명선입니다."

그 말이 통했다. 국비를 추가로 확보했고, 결과는 놀라웠다. 2년 만에 누적 발행액 3조 원, 가입자 100만 명. 숫자는 기록으로 남지만, 진짜 성과는 시민의 표정 속에 있었다. 시장 골목마다 웃음꽃이 피었고, 삶의 기운이 돌아오기 시작했다.

대한민국 지역화폐의 대명사 되다

연구 결과도 이를 증명했다. 대전세종연구원에서 지난 2021년에 분석한 바에 따르면 사용액의 31.7%인 1953억원은 '온통대전'이 출시되지 않았다면 소상공인 점포가 아닌 대형마트·온라인 등에서 지출됐을 것이라고 했다. 사용액의 16.8%는 대전 외에서 사용되었을 것이란다. 그런데, 그 돈이 지역 가게로 돌아왔다. 그 액수가 무려 1038억원이나 되었다.

캐시백 지급으로 늘어난 순 소비가 지역화폐 사용액의 26~29%로 집계됐다. 소비 촉진에 효과가 있었다는 얘기다. 경제적 효과를 따져보면 소상공인 점포당 200여만 원의 매출이 증가했다. 그게 바로 발행한 지 6개월 만에 거둔 성과다. 혜택이 커지면 사용이 늘고, 사용이 늘면 지역이 산다. 단순하지만, 가장 강력한 진리다. 그러니 지금도 만나는 시민들마다 붙잡고 하는 말이 '온통대전' 뿐이다.

만족도 조사를 보더라도 그렇다. 응답자의 82%가 만족한다고 답했다. 또 사용하는 이유로는 캐시백, 소득공제 등의 혜택(75.2%), 대전지역 경제 활성화(10.9%), 재난 지원금의 지급(8.7%), 자영업자와 전통시장에의 도움(4.8%) 등의 순이었다. 결국 대전의 지역화폐는 시민들이 얻는 혜택 때문에 성과를 거둘 수 있었다.

이런 성과로 산업통상자원부 주최 '2021년 제23회 대한민국브랜드

대상'에서 전국 지역화폐 최초로 '대한민국브랜드' 대상을 수상하는 영예를 얻을 수 있었다. 이 상은 창의적이고 선진적인 브랜드 경영을 통해 산업 경쟁력을 높이고 우수 브랜드를 육성해 국가 경제발전에 기여한 우수기업이나 기관, 지방자치단체 브랜드에 포상하는 국내 최고 권위의 정부 포상이다.

정부의 포상이니 영광도 영광이지만 더 큰 영광은 시민들이 만들어 준 결과라는 점이다. 2년 연속, 시민이 뽑은 대전시정 10대 뉴스에서 1위를 차지했고 2021년 시민여론 조사에서 '가장 잘한 정책' 1위, 민선 7기 주요 성과 1위로 선정된 일이다. '온통대전'이 대전시 브랜드를 넘어 대한민국의 지역화폐 대명사로 자리매김했다는 사실은 하나의 자부심이었다.

나는 '온통대전'을 단순한 화폐가 아니라 '시민의 신뢰를 이어주는 플랫폼'으로 키우고 싶었다. '온통대전몰'을 열어 소상공인들이 직접 물건을 팔 수 있도록 했다. '온통대전'의 효과를 본 업체들이 입점해 2022년 8월까지 21억원의 누적 매출액을 기록했다.

전국 최초의 기부 시스템, '온정나눔'도 만들었다. 시민이 캐시백 일부를 어려운 이웃에게 나누는 구조였다. 돈이 돌면 정情도 도는 도시. 그게 내가 꿈꾼 대전이었다. 지역 서점을 살리기 위해 '도서 캐시백'을 도입했다. 책 한 권을 사면 두 배의 캐시백을 돌려주는 방식이었다. 책은 단순히 팔리는 물건이 아니라, 한 도시의 정신이라 믿었기 때문이다. 매출에 어려움을 겪던 지역 서점에는 가뭄의 단비였다.

아울러 거대 민간 배달앱의 독과점 횡포로부터 영세 소상공인을 보호하고 '온통대전' 사용자의 편의를 높이기 위해 민·관 협력으로 '온통대전' 배달플랫폼도 오픈했다. 실험적인 공공 배달앱을 제대로 운영한다면 단순한 결제 기능을 넘어 경제 플랫폼으로의 역할도 수행할 수 있다는 가능성을 보았다.

하지만 민선 8기 들어 '온통대전'은 사라졌다. 이름은 '대전사랑카드'로 바뀌었고, 상시 캐시백도 폐지됐다. 플랫폼들도, 서점에 대한 캐시백도 없어졌다. 결국 이러한 일들로 2024년 대전지역 마지막 향토 대형서점인 '계룡문고'가 폐업의 길을 걸었다. 근시안적 정책이 대전 문화를 허물어뜨리는 방향으로 이끌었다. 정책은 바뀔 수 있지만, 시민의 신뢰는 지켜야 했다. 그게 가장 아팠다.

‘경제’와 ‘복지’ 두마리 토끼 잡아야

지난 2024년 대전의 지역화폐 활성지수가 전국 최하위로 나타났다. ‘코드포코리아’가 전국 243개 지방자치단체를 대상으로 지역화폐 정책과 통계 현황 정보 등을 취합해 조사한 결과 나타난 지수라고 했다. 이 조사에서 대전시 지역화폐 활성 지수가 0.22로 전국 최하위였다. 한때 전국이 주목하던 도시가 가장 낮은 평가를 받았다. 그 수치 안에는 시민들의 실망이 담겨 있었다. 민선 8기 들어 정부가 배정한 국비조차 거부하고 폐지를 강행한 것은 이해할 수 없는 처사였다. 정책이 시민을 향하고 있지 않음을 방증한다.

지역화폐 정책의 목표는 골목상권 활성화와 지역 내 자본 유출 방지다. 소상공인과 같은 특정 경제 주체에게 도움이 되고 지역 내로 자본을 순환시키는 것이 정책의 목표라고 한다면 ‘온통대전’은 그 목표를 달성하는 가장 효과적인 정책이었다고 말할 수 있겠다.

원도심 비중이 높은 전통시장 사용자에게 추가 캐시백 지급을 통해 원도심-신도심 간 균형 있는 소비를 지원하고, 소상공인 지원 취지에 맞지 않는 가맹 제한을 통해 특정 지역과 업종 쏠림현상을 개선하면 완전한 지역화폐의 모습으로 거듭날 터였다.

지역화폐의 본질은 경제에 있는 것이 아니다. 복지의 시작이고, 신뢰의 순환이다. 돈이 지역을 살리고, 지역이 사람을 살린다. 기회가 다시

주어진다면, 나는 '온통대전'을 단순히 되살리지 않을 것이다. 더 넓고 더 따뜻하게 설계할 것이다. 경제와 복지, 두 마리 토끼를 함께 잡는 지역화폐로. 돈이 도는 도시가 아니라, 정情이 도는 도시로 ….

지난 대통령 선거 운동 과정에서 한 어르신이 내 손을 꼭 잡고 말했다.

"제발 서민경제 좀 살려주시오."

절절한 호소가 아직도 귓전을 때린다. 맞잡았던 그 손의 온기가 아직도 남아 있다. 그날의 다짐이 지금도 내 안에서 식지 않는다. 서민이 웃고, 소상공인이 버티고, 기부와 배려가 흐르는 도시. 그 길 위에서 나는 여전히 천천히, 그러나 멈추지 않고 뚜벅뚜벅 걷는다.

허태정의

결심

날아라 '한화이글스', 달려라 '대전하나시티즌'

한국시리즈 준우승에 감격

2025년 10월 30일 대전한화생명볼파크에서 열린 '한화 이글스'와 'LG 트윈스'의 한국시리즈 5차전 경기. 팽팽한 투수전 끝에 뒷심 부족으로 26년을 애타게 기다려 온 두 번째 우승의 꿈이 날아갔다. 직관은 하지 못했고 텔레비전으로 경기를 지켜보았다. 아쉬움이 컸지만, 그럼에도 오랜만에 가을야구를 볼 수 있었고, 준우승이라는 쾌거를 이뤄 기뻤다.

간혹 야구 경기장엘 가면 사람들은 나에게 묻는다.

"야구 팬이세요."

"그냥 팬이 아니라 원년 이글스의 '광팬'입니다."

1982년 프로야구가 처음 출범할 때는 'OB베어스'가 충청 연고로 우승을 차지했다. 대학 입학하던 해인 1986년에 'OB베어스'는 서울로 옮겼고 충청 연고 '빙그레 이글스'가 창단됐다. 그때부터 지금까지, 나는 오렌지색 깃발을 놓지 않았다. 1999년 10월, 대전 한밭야구장 1루석에 있었다. 정민철이 던지고, 장종훈이 치던 시절 롯데를 상대로 4차전에서 2대1로 뒤집던 순간, 야구장이 흔들렸다. 그 해 이글스는 창단 첫 우승을 했다. 지금도 그때의 함성이 귓가에 맴돈다.

그 후 한화는 오랜 기다림의 계절을 보냈다. 그래서 지난 가을 한국시리즈는 단순한 경기 그 이상이다. 그때의 기억이, 그 환호가 다시 돌아올지 모른다는 설렘이 있었기 때문이다. 아쉽게도 그 환호성을 들을 수는 없었지만, 그래도 준우승이라니. 그 자체만으로도 감동이다.

시민이 꿈꾼 구장, 함께 만든 공간

나는 단순한 팬으로만 그날의 경기를 본 것이 아니다. 시장으로서 시민들에게 했던 약속과 팬으로서의 바람이 함께 맞닿아 있었다. 야구장은 단순한 건물이 아니다. 경기장은 시민들이 특정한 팀을 응원하기 위해 찾는 장소가 아니라, 사람이 모여 마음을 나누는 곳이다. 승패의 희비가 뒤섞인 자리에서 도시는 하나가 된다. 그래서 나는 야구장 신축을 공약으로 내걸었다. 1964년 개장해 1982년 프로 경기를 처음 치른 그곳은 너무 낡고 협소했다. 1만 3000석의 좌석, 불편한 동선, 부족한 시설. 시민들은 선거 캠프를 찾아와 말했다.

대전 새 야구장 건립 탄력, 한화이글스 430억 투자 〈출처 : 경향신문 2029년 12월 4일〉

"이젠 대전도 새로운 구장이 필요합니다."

야구는 도시의 품격이자 시민의 자존심이다. 기존의 야구장에서는 경기에 집중하기 어렵다고 하소연했다. 대구나 광주 등 다른 도시들도 모두 새로 신축했는데 대전만 오래된 구장에서 불편하게 관람하고 있으니 도시 체면이 떨어진다는 주장도 있었다. 나 역시 팬이었다. 그 마음을 누구보다 잘 알았다.

최초 계획은 현 한밭종합운동장을 이전한 뒤에 그 자리에 2만 200석 규모의 야구장을 신축하는 것이었다. 대전의 도시 규모, 시민의 열기를 담기에 충분한 크기, 대구·광주·인천과 비슷한 수준, 그게 시민과의 약속이었다.

장소 결정 과정에서 특정 지역의 편을 들어 주었다는 억측을 차단하기 위해 공모를 시행했는데 나중에 보니 실수라는 생각이 들었다. 애초에 나는 원도심 경제를 활성화하기 위해서는 대흥동을 벗어나면 안 된다고 판단했다. 대전역에서 충남도청 그리고 야구장과 보문산으로 이어지는 오래된 전통의 축들을 유지하는 게 필요하다고 봤다. 공모를 하자 자치구 간 입지를 놓고 치열한 유치경쟁이 벌어졌다. 갈등도 생기고 분란도 일어났다. 사실 내 생각이 맞다고 판단했으면 결단했어야 한다. 심사 결과 현재의 자리로 결정되어 다행이었다. 접근성도 좋고, 주변 상권의 숨도 트일 것으로 기대됐다.

"야구장은 경기장을 넘어 시민의 광장이어야 한다."

아이 손을 잡고 오는 길, 노부모와 나눌 저녁의 대화, 경기 전후로 살아나는 골목의 불빛. 그 모든 것이 야구장 하나에서 시작될 수 있다고 믿었다.

퇴임하고 나니 약속의 크기가 달라졌다. 관람석 규모가 1만 7000석으로 줄었다. 시민 불편이 크다는 비판이 높았다. 관람석 규모는 다시 따져볼 일이다. 원래 계획대로 환원하는 것이 시급하다.

1부 리그 준우승, 달려라 대전하나시티즌

"시민의 팀이 기업의 팀으로, 그리고 다시 시민의 자존심으로"

2024-2025시즌 K리그1이 막을 내렸다. 11월 30일 '김천'과의 시리즈 마지막 경기에서 '대전하나시티즌'은 3대0으로 승리해 역대 최고 성적인 준우승으로 시즌을 마무리했다. 승격 두 해 만의 준우승이라니 충분히 박수받을 일이다. TV로 경기를 지켜보며 나는 기쁨을 만끽했다. 시장 재직 시절 만년 적자에 허덕이던 시민구단 '대전시티즌'을 민간투자 방식으로 기업 구단화 한 그 결정의 결실이 이렇게 맺어졌기에 기쁨은 두 배였다.

"결단에는 단호함이 필요하다."

그 말의 의미를 나는 그날 다시 실감했다.

'대전시티즌'은 1997년 지역기업들의 컨소시엄으로 창단한 팀이다. IMF 외환위기에 기업들이 줄줄이 무너졌고, 결국 2006년 대전시가 구단을 매입했다. 이후 시민구단으로 전환해 매년 70억 원의 대전시 재정을 쓰며 명맥을 이어갔다. '대전시티즌'은 대전시 입장에서 보면 '계륵鷄肋'이었다. 시설 운영비, 유지 관리비까지 합치면 연 100억 원가량 들어갔다. 축구가 야구보다 인기는 떨어지고, 게다가 2부 리그에서도 성적이 바닥이었다. 구단 운영과 관련해서도 잡음이 반복되었다. 시민들에게 꿈을 주는 구단이 되길 바랐지만 현실은 그렇지 못했다.

'대전시티즌'은 골칫덩어리, 애물단지, 뜨거운 감자로 표현되었다.

대전시는 2014년 대덕구 덕암동 축구센터 내에 클럽하우스를 짓고 훈련에 불편함 없이 연습할 수 있도록 했다. 구단 스스로 자구노력을 하겠다고 공언해 왔지만 적자는 계속 늘어났다. 특단의 조치가 없으면 결국 폐업해야 하는 총체적인 위기 상황에 놓였다.

허태정 대전시장, 대전하나시티즌 시즌권 구입
〈출처 : 서울경제 2020년 1월 29일〉

2018년 시장 취임할 때까지 '대전시티즌'이 안고 있는 문제는 전혀 해결되지 않았다. 구단 재정은 자본 잠식 상태였다. 분노한 서포터즈는 시민들과 함께 '대전시티즌정상화추진위원회'를 구성하고 단체 행동에 나섰다. 이들은 구단 운영의 문제점을 지적하고 각종 구설수에 오른 구성원들에 대한 입장 표명과 후속대책 등을 내놓으라고 다그쳤다.

"이대로는 문 닫습니다."

현장의 목소리는 절박했다. 축구단은 돈이 아니라, 도시의 자존심 문제다. 자존심을 살릴 방법을 찾아야 했다. 대안은 두 가지였다. 시민구단으로의 협동조합 전환 혹은 민간 매각. 협동조합 모델은 이상적이다. 공공성을 유지하고, 시민이 주인이 되는 구조다. 하지만 대전은 바르셀로나와 같은 도시가 아니다. 필요한 출자금을 모으기도 어렵고, 반복되는 적자를 버티기도 쉽지 않을 것이다. 만성 적자 구단 '대전시티즌' 시즌2가 될 가능성이 높았다.

결국 남은 길은 하나였다. 민간의 자본과 경영 시스템을 끌어들이는 것이다. 하지만 대전과 충청이 연고인 팀을 무작정 민간기업에 매각하는 것은 정서상 쉽지 않다. 아니 매각한다고 한들, 구단을 인수할 만한 기업이 있을까 하는 의구심도 있었다.

만성적자, 민간투자 유치로 해결

대전시정을 책임지는 시장으로서 또 '대전시티즌'의 구단주로서 매년 100억원 가까운 지출 구조를 해결하지 않으면 안 되었다.

물밑에서 여러 기업과 접촉했다. 첫 번째 후보는 '한화'였다. 당시로서 가장 가능성 있는 기업이었다. 이미 야구단인 '한화이글스'를 운영하는 기업으로 지역 연고성을 확고히 할 수 있을 것이라는 믿음이 있었다. 하지만 이견이 있어서 협상이 제대로 진행되지 못했다. 다음 가능성 있었던 기업이 바로 '하나은행'이었다. '충청은행'을 인수해 지역과 긴밀한 관계를 맺어온 기업인데, 예상보다 적극적이었다. 담당 국장이 채널이 되어 극비리에 협의했다. 단순 매각이 아니라 프로축구단의 일반적 운영 방법인 투자 유치를 통해 '대전시티즌'을 기업구단으로 전환하는 방식이었다. 그 과정에서 한 가지 원칙은 반드시 지켜야 했다. 연고는 대전, 이름은 시티즌, 정체성만큼은 건드릴 수 없다는 점을 분명히 했다.

"지금보다 더 투자해, 제대로 된 팀을 만들겠다."

그 한마디가 오래 남았다.

2019년 10월, 나는 기자간담회에서 조심스럽게 밝혔다.

"대전시티즌을 기업구단으로 전환하기로 합의했습니다."

아직 기업명을 밝힐 순 없었다. 하나은행의 요청이었다. 행정의 결정은 언제나 누군가의 박수와 누군가의 비난을 함께 받는다. 그래서 더 신중해야 했다. 그때까지 하나은행과 합의된 내용은, 첫째 구단의 운영 주도권은 하나은행이 갖는다는 것이고, 둘째는 대전을 연고로 하며 대전이라는 브랜드를 쓴다는 것까지였다. 선수와 스태프, 시설 사용 등 세부적인 논의 과정이 남아 있었다.

전반적으로 기업구단 전환에 대한 여론은 긍정적이었다. 하지만 우려의 목소리도 많았다. K2리그에서 하위권을 전전하다 보면 관중 확보가 쉬운 수도권으로 연고 이전을 한다거나, 아니면 구단을 매각 또는 해체할 수도 있지 않느냐는 주장이다. 그러나 나는 협상 과정에서 연고지와 명칭에 대해서는 양보할 수 없다는 점을 확고히 했다. 아울러 하나은행도 그 부분은 명확했기에 크게 걱정하지 않았다.

연고지와 이름 지키고, 1부 리그 승격

다행히 '정상화추진위원회'에서도 팀의 정체성이 유지된다면 기업 구단으로의 전환을 환영하겠다고 했다. 우여곡절 끝에 하나은행과 협상을 마무리 짓고 그해 11월 5일, '대전시티즌'은 하나금융그룹으로의 인수가 확정되었다.

하지만 큰 문제가 남아 있었다. 은행은 법적으로 은행 고유의 업무와 관련 없는 수익사업을 직접 할 수 없다는 점이다. 따라서 축구나 야

구와 같은 인기 프로스포츠를 운영할 수 없다. 그 벽을 넘지 못하면 모든 합의는 무의미했다. 금융감독원과의 오랜 협의 끝에 해법을 찾았다. 재단법인을 설립해 구단을 운영키로 했다.

2019년 12월 24일 크리스마스를 하루 앞두고 '대전시티즌'은 이사회를 열어 구단 해체를 의결했다. 그리고 이듬해 1월 4일 하나금융그룹과 최종적으로 계약했다. 양수 대금은 7억 원이었고 프론트는 대부분 고용 승계가 이뤄졌다. 선수단을 재정비 하는 한편, 새로운 이름 '대전하나시티즌'으로 새 출발을 알렸다. 시민의 팀이면서 기업의 팀이 되었다.

시민구단이 사라진다며 반대도 있었다. 이름이 바뀌면 정체성도 사라진다는 우려다. 하지만 나는 끝까지 세 가지 원칙을 고수했다. 연고는 대전, 이름은 시티즌, 사람은 남긴다. 하나은행은 그 약속을 지켰다. 적극적인 투자로 구단은 빠르게 체질을 개선했다. 팬들도 다시 모였다. '퍼플크루'와 '대저니스타'로 나뉘었던 서포터즈는 '대전러버스'로 통합했다. '대전시티즌'이 해체 위기에 몰렸을 때, 대전시민 100만 서명운동을 펼쳤던 주역들이다. 그들은 여전히 골대 뒤에서 열두번째 선수로 함성을 보낸다.

그리고 마침내 시간이 대답했다. 1부 리그 승격, 2024-2025 시즌 최종 준우승. 비판과 불신, 기다림의 시간을 지나 결과가 모든 것을 증명했다. 연고를 지켰고, 이름을 남겼고, 팀을 살렸다. 도시의 자존심이 다시 살아났다.

도시는 약속으로 크고, 약속은 결과로 증명된다

2025년 가을, '한화이글스'가 힘차게 날았고, '대전하나시티즌'은 열심히 달렸다. 스포츠는 단순한 경기가 아니다. 그건 사람을 묶는 언어이며, 도시의 온기를 되살리는 힘이다. 나는 믿는다. 야구장은 시민의 함성으로, 축구장은 시민의 숨결로 완성된다. 공 하나, 골 하나에 시민의 믿음과 도시의 자존심이 함께 실려 있다는 것을 ….

'프로축구단 대전시티즌' 하나금융이 품었다. 대전시와 협약(종합) 〈출처 : 연합뉴스 2019년 11월 5일〉

그리고 나는 또 믿는다. 행정은 보여주는 것이 아니라 지켜주는 일이라는 것을. 정책은 말이 아니라 지속으로 완성된다는 점을. 야구장 약속은 크기보다 의미가 우선이어야 하고, 축구단 전환은 속도보다 정체성이 앞서야 한다. 도시는 눈에 보이는 시설로만 자라지 않는다. 사람의 믿음으로, 약속의 이행으로 자란다.

스코어는 매 경기 달라지지만, 원칙은 바뀌지 않아야 한다. 그게 행정의 품격이고, 도시의 품격이다. 도시는 건물이 아니라 사람의 이야기로 채워지고, 행정은 정책이 아니라 약속으로 완성된다. 그 약속을 지켜내는 힘, 그 믿음이 바로 '대전'이다.

허태정의

결심

밀가루 애호가 모두의 축제를 만들다

밀가루의 도시가 주는 즐거움

대전은 언제부터인가 달콤한 냄새로 기억되는 도시가 되었다. 그 향은 단순히 제과점에서 나는 냄새가 아니다. 세월과 사람의 이야기가 스며든 도시의 향기다. 대전 사람들에게 밀가루는 단순한 재료가 아니라 도시의 기억이자, 생존의 상징이다.

1950년대 전쟁 직후, 대전역에는 전국 각지로 밀을 보내던 보관소가 있었다. 그 주변에는 제분공장들이 들어섰고, 밀가루는 도시의 삶을 버티게 한 주식이 되었다. 그래서 자연스럽게, 칼국수와 빵은 대전의 대표 음식이 되었다. 지금 대전에는 700곳이 넘는 칼국숫집과 800곳이 넘는 빵집이 있다. 인구 1만 명당 열 곳이 넘는다. 전국 특·광역시 중에서도 가장 높은 수준이다. 이건 단순한 통계가 아니다. 대전이 어떻게 '사람의 도시'로 살아왔는지를 보여주는 문화의 흔적이다.

나는 밀가루 애호가다. 결혼 전 혼자 살 때는 직접 밀가루를 반죽해 칼국수를 만들어 먹기도 했다. 지금도 사람들과 식사 약속을 할 때면 칼국숫집을 선호해 "왜 매번 칼국수냐?"는 질문을 받는다. 지난 2019년 1월, 문재인 대통령이 대전을 방문해 지역 경제인들과 간담회를 가졌다. 당시 청와대에 오찬 장소로 칼국숫집을 추천했고 중구 대흥동의 한 칼국숫집이 선정되었다. 쑥갓을 듬뿍 얹은 칼국수를 드시면서 대통령께서 "맛있다"를 연발하다가 나에게 "대전은 왜 칼국수가 유명합니까?"라고 물었다. 그때 한국전쟁 직후 대전의 밀가루 유통 상황을 설명해 드린 적이 있다.

칼국수보다 더 유명한 것이 대전의 빵이다. 그 중심에는 언제나 '성심당'이 있다. 전쟁의 잿더미 속에서 시작한 작은 빵집이 지금은 대전을 상징하는 이름이 되었다. '모든 이에게 따뜻한 빵 한 조각을'이라는 정신은 세대를 넘어 도시 곳곳으로 번져갔다. 빵은 대전이라는 도시의 정체성과도 같다.

1970~80년대 대전의 거리는 언제나 빵 냄새가 가득했다. 성심당, 태

극당, 봉봉제과, 에펠제과, 뉴욕제과 …. 그 시절 빵집은 단순한 제과점이 아니었다. 청춘의 아지트였고, 첫사랑의 무대였으며, 하루의 고단함을 달래던 위로였다. 친구들과 나눠 먹던 일명 소보로 빵(곰보빵) 한 조각, 그 한 입의 달콤함이 지금도 마음속에 따뜻하게 남아있다.

1년을 기다리고 '빵' 터졌다
〈출처 : 쿠키뉴스 2021년 11월 21일〉

세월이 흘러 유성구청장, 대전시장이 되었을 때도, 그 마음은 변치 않았다. 3월 8일 세계 여성의 날이면 청사 내 청소노동자와 구내식당 여직원들에게 빵과 장미를 전했다. 장미는 참정권, 빵은 생존권의 상징이다. 이 도시에서 빵은 언제나 사람의 온기와 존엄을 대신했다. 세월이 흘러, 대전의 빵 문화는 다시 새로워졌다. 2019년 여름, 한남대 창업존에서 만난 청년 창업가들의 빵집 '몽심'은 그 새로운 시작의 상징이었다. 성심당이 만든 전통의 따뜻한 토대 위에서, 청년들은 자신만의 색과 향을 입혀갔다. 도시에 새로운 이야기를 더하는 또 다른 빵. 그들은 시의 창업 지원 프로그램을 통해 기반을 다졌고, 이후 대전 '빵축제'에서 시민 선호도 1위에 올랐다. 청년의 도전이 행정의 지원과 시민의 응원을 만나면, 그건 도시의 자산이 된다. 대전의 빵은 그렇게, 청년의 꿈을 굽는 향기가 되었다.

빵의 도시에서 '빵축제'를 기획하다

2021년 1월 20일. 1년여 동안 코로나19와 사투를 벌인 끝에 대전은 확진자 '0명'을 기록했다. 17개 시·도 중 유일하게 대전시만 확진자가 발생하지 않은 날이었다. 기뻤다. 방역 일선에서 고생한 공무원들에게 감사의 마음으로 빵과 음료를 전했다. 그 작은 마음에서 하나의 생각이 피어났다.

"이 도시의 마음을 빵으로 나눌 수 없을까?"

코로나19로 고생하는 시민들에게 위로를 주고 희망을 주는 '빵축제'가 좋겠다는 생각이 들었다. 즉시 전문가들을 불러 모았다. 그렇게 시작한 것이 '빵모았당 축제'였다. 성심당을 비롯한 40여 개 제과점이 참여했고, 시민들은 마스크 너머로 웃음을 나눴다. SNS에는 '좋아요'가 불티났다. '빵모았당' 홈페이지와 인스타그램 등에는 "역시 밀가루의 도시답다"는 글이 쏟아졌다. 각 입구의 대기자 행렬이 200m가 넘을 정도로 성황을 이뤘다. 대전의 거리에 오랜만에 사람의 온기가 돌아왔다. 이듬해 열린 두 번째 '빵모았당' 축제에는 10만 명이 찾았다. 코로나의 상처를 치유한 건 다름 아닌 '빵' 한 조각이었다.

하지만 정권이 바뀌면서 축제의 모습도 달라졌다. 빵축제를 만들어온 '빵모았당 협동조합'은 배제됐고, 규모는 시 단위에서 구 단위 행사로 축소된 것처럼 느껴졌다. 없애지는 않았지만 키우지도 않았다.

그저 그런 축제로 전락한 듯 싶어 안타깝다. 그러는 사이 충남 천안에서, 경북 문경에서, 서울에서 빵 축제가 계속 생겨났다.

그럼에도 시민들은 잊지 않았다. 누군가는 새벽 제과실 불을 켜고, 누군가는 매일 밀가루를 반죽하며 조용히 도시의 약속을 이어갔다. 대전을 찾는 이유 중 첫째는 여전히 '빵'이다. 그건 단순한 음식이 아니라 도시의 자존심이다. 한때의 축제가 아니라 시민이 지켜낸 전통이다.

2025년 여름, 제빵인과 청년 창업가, 문화 관계자들이 다시 모였다. 그들은 같은 마음으로 말했다.

"대전의 빵 축제는 행정의 업적이 아니라 시민의 축제다."

빵이라는 대전의 상징 자산을 문화, 관광, 경제, 도시브랜드로 융합해 지속 가능한 지역발전을 구축하자고 마음을 모았다. 대전의 미래 먹거리로서 '베이커리 산업'의 가능성은 충분하며 지역 상권 활성화와 관광객 유입 확대도 가능하다는 점을 확인했다.

대전은 성심당이라는 상징적 브랜드를 창출했고, 전국적으로 '빵의 도시'로서 입지를 튼튼하게 해왔다. 이를 통해 글로벌 베이커리 문화 도시로 성장할 수 있을 것으로 믿는다. 그러기 위해서는 업계가 자발적으로 참여하고 민간이 주도하면서 관이 협력해 나가는 모델을 구축해야 한다. 그것이 지속 가능한 도시의 모습이다.

전국의 빵집, 유럽의 제과 브랜드, 아시아의 디저트 카페들이 함께 모여 '빵지순례 지도'를 완성하는 날, 시민과 관광객이 함께 순례하고, 완주자에게 지역 상품권으로 보상하는 구조, 그건 단순한 축제가 아니라 사람과 도시가 함께 숨 쉬는 순환의 경제다. 축제는 골목으로 가야 한다. 그렇게 해야 경제도 살고 지역 상권도 살아난다.

축제는 무엇보다도 스토리텔링이 명확해야 한다. "왜 이 도시에서, 무엇 때문에 이러한 축제를 하는가?"에 대한 물음에 명쾌하게 답이 나와야 한다. 그렇지 않고 다른 도시에서 하는 그저 그런 콘텐츠, 예산 쏟아부어 규모만 키우는 축제는 하지 않음만 못하다.

덧붙여 지역의 주민이 자발적으로 참여하는 축제여야 한다. 기획 단계부터 개방되어 시민들과 지역의 문화·예술인들이 참여하고 공유함으로써 함께 만들어 나가야 진정한 지역민의 축제가 된다. 이렇듯 축제에는 도시의 철학이 담겨야 한다.

빵 한 조각에 담긴 사람의 마음이 도시를 살려냈다. 밀가루 애호가의 작은 제안이 시민 모두의 축제가 되었고, 그 축제가 대전을 다시 일으켰다. 이제 대전은, 빵 굽는 향기로 기억되는 도시다. 그 향기 속에는 사람의 온기와 지켜낸 약속의 힘이 함께 스며 있다. 그 도시의 이름은 언제나 '대전'이다.

허태정의

결심

정부와 담판진 혁신도시와 지역인재 채용

혁신도시를 향한 1년 반의 길

2020년 2월의 끝자락, 나는 세종에 있는 국토교통부로 향했다. 손에는 81만 명의 이름을 적은 서명부가 들려 있었다. 대전과 충남이 스스로에게 남긴 약속이 담겨 있었다. "혁신도시로 지정해주십시오." 내가 건넨 말은 짧았지만, 그 안에는 도시의 미래를 되돌려야 한다는 절박함이 담겨 있었다.

대전과 충남은 오랫동안 혁신도시 지도에서 빠져 있었다. 세종은 빠르게 성장했고 수도권의 빨대효과는 더 강해졌다. 기회는 서울로 흘러가고 젊은이들은 더 넓은 가능성을 찾아 떠났다. 도심은 서서히 낡은 옷을 걸친 듯 활기를 잃어갔다. 그래서 나는 혁신도시 지정을 시정의 가장 중요한 과제로 올렸다. 이건 단순히 법을 고치는 일이 아니라, 도시의 숨을 되찾는 일이었다.

많은 문을 두드렸다. 청와대 시·도지사 간담회에서 문재인 대통령에게, 김현미 장관에게, 이낙연·정세균 총리에게, 국회 산자위와 국토위 의원들에게 설득하고, 설명하고, 때로는 괜히 미안할 만큼 끈질기게 요청했다. 그리고 항상 같은 말로 마무리했다. "대전은 혜택을 더 달라는 것이 아닙니다. 수도권 집중의 피해를 가장 오래 견뎌온 도시입니다."

2012년 10개 공공기관 지방 이전 계획 승인을 끝으로 더 이상 이전 계획은 없었다. '국토교통인재개발원'의 제주혁신도시 이전과 '한국과학기술기획평가원'의 충북 혁신도시 이전을 마지막으로 총 153개 기관의 이전이 모두 마무리된 상태였다. 이대로 가만히 있게 되면 대전과 충남은 영영 공공기관 이전 혜택을 받지 못하게 된다.

끈질긴 설득으로 이뤄낸 공공기관 지역인재채용

공공기관 지역인재 채용 문제도 시급했다. 대전에는 한국수자원공사와 한국조폐공사, 한국철도공사, 한국철도시설공단, 국방과학연구소, 한국과학기술원 등 공공기관이 여럿 있으나 2007년 '혁신도시법' 시행 전에 이전한 공공기관이라는 이유로 '지역인재 채용 의무 대상'에서 제외됐다. 기회가 눈앞에 있지만 닿지 않는 구조였다.

설득의 힘을 키워준 건 시민들이었다. '혁신도시 지정 100만 서명운동' 5개월 만에 81만 명이 이름을 적었다. 그 글씨 하나하나가 국회를 움직였고, 정부의 마음을 돌렸다. 그 결실로 지역인재 채용 의무화가 먼저 실현되었다.

'혁신도시법'이 개정되어 2022년부터 지역 공공기관들은 매년 30%

씩 충청권 인재를 의무 채용하게 되었다. 해마다 900여 개의 일자리를 추가 확보한 것이다. 단순한 숫자의 변화가 아니라, 청년에게 열어놓은 삶의 경로 하나가 늘어난 일이었다. 그간 법안심사가 있을 때마다 만사 제쳐놓고 국회로 달려가 의원들에게 입이 마르고 닳도록 지역인재 채용 의무화가 왜 필요한지 절실하게 설명했던 노력이 헛되지 않았다.

전국 최초 원도심 활성화 모델 제시

2020년 3월, 마침내 국가균형발전특별법 개정안이 국회를 통과했다. 대전과 충남에도 혁신도시 지정이 가능하게 되었다. 그날 밤 시청 창밖의 불빛은 유난히 따뜻했다. 도시가 한 걸음 앞으로 나아가는 순간의 빛이었다. 2018년 8월 30일 청와대에서 열린 민선 7기 제1차 시·도지사 간담회에서 대전과 충남의 '혁신도시 추가 지정'과 공공기관 '지역인재 우선채용 의무화' 도입을 제안한 지 1년 반만의 성과였다.

그러나 혁신도시는 '지정'으로 완성되는 사업이 아니다. 대전은 기존의 혁신도시들과는 다른 방향을 택했다. 새로운 땅을 여는 것이 아니라 낡은 도심의 심장을 다시 뛰게 하는 길을 선택했다.

대전역세권과 대덕 연축지구. 하나는 교통과 상업의 중심이며, 다른 하나는 과학과 산업의 축이다. 이 두 공간을 잇는 구조는 단순한 부지 선정이 아니라 도시의 방향을 다시 그리는 일이었다. 기관이 오면 기업이 따라오고, 기업이 오면 일자리가 생기고, 사람이 모이면 문화와 주거가 형성된다. 도시가 살아나는 것은 언제나 사람에서 시작된다.

하지만 정권이 바뀌자 공공기관 2차 이전 논의는 멈췄다. 언론은 '무늬만 혁신도시'라고 썼다. 실망스럽지 않았다면 거짓말이다. 혁신도시 지정까지의 과정이 떠올랐다. 수많은 발걸음, 시민들의 서명, 국회를 돌며 했던 설득들. 그 시간은 '제도'보다 '사람'으로 쌓아 올린 기반이었다. 쉽게 흔들릴 일이 아니었다.

이제 새로운 정부가 2차 공공기관 이전을 다시 검토하고 있다. 대전은 이미 방향을 정해 놓았다. AI, 바이오헬스, 나노반도체, 국방산업 등 우리 도시가 미래 먹거리로 삼아야 할 분야들이다. 혁신도시는 땅의 문제가 아니라 다음 세대에게 남길 약속의 형태다. 그 약속을 위해 시민들의 뜻이 모였고, 도시는 그 뜻을 받아 바뀌고 있다.

혁신도시는 결국 사람의 문제이며 신뢰의 문제다. 법을 고쳐낸 것도, 도시의 방향을 새로 그려낸 것도 그 믿음 때문이다. 앞으로의 길은 더 멀겠지만 이미 시작된 변화는 되돌아가지 않는다. 도시의 심장은 다시 뛰기 시작했고 남은 결론은 우리가 어떻게 그 길을 이어갈지에 달려 있다.

허태정의
결심

만델라 티셔츠가 가져다 준 글로벌 총회

도시가 세계와 마주하기까지의 긴 호흡

2019년 5월 15일, 남아프리카공화국 더반, 제6회 세계지방정부연합(UCLG) 총회장에서 의장이 선언했다.

"차기 총회 개최지는 대한민국 대전입니다."

순간 우리 대표단 자리에서 작은 환호가 터졌다. 손끝이 떨릴 만큼

벅찬 순간이었다. 기쁨 속에는 긴 시간 쌓아온 설득과 기다림, 그리고 '도시의 이름을 세계에 올리고 싶다'는 간절함이 함께 있었다.

나는 시장이 되기 전까지만 해도 UCLG를 깊게 알지 못했다. 취임 후 1년도 되지 않아 총회 참석 여부를 결정해야 했고, 그래서 이 기구를 처음부터 다시 공부했다. 그러다 깨달았다. 이건 단순한 회의가 아니라 '도시가 도시로부터 배우는 자리'였다. 전 세계 140개국, 25만 개 지방정부가 참여하는 지방정부의 UN 같은 공동체. 지역의 삶을 바꾸는 정책, 도시의 미래, 지방자치의 방향을 함께 고민하는 곳. 나는 생각했다.

'대전이 이 무대에 서야 한다. 그 무대에서 도시의 미래를 새로 써 보자.'

대전시 '2022년 UCLG 총회' 유치 결실 맺었다 〈출처 : 세계일보 2019년 11월 18일〉

엑스포 이후 대전은 큰 국제행사를 치른 경험이 거의 없었다. 다시 한번 세계를 향해 문을 열어야 할 때였다. 그래서 유치를 결심했다. 문제는 경쟁이었다. 포루투갈 리스본, 스페인 바르셀로나, 중국 광저우, 독일 만하임, 아르헨티나 부에노스아이레스…. 이름만 들어도 세계가 주목하는 도시들이 이미 유치경쟁에 뛰어들어 있었다. 우리의 시작은 늦었다. 도시브랜드만 놓고 보면 불리했다. 그래서 방법을 바꿨다.

"도시는 결국 사람이 움직인다. 사람을 움직이는 건 진심이다."

스펙보다는 진심, 수치보다는 가치로 방향을 선택했다. 간부들은 세계 곳곳을 다니며 대전의 의지와 비전을 설명했다. 그 과정에서 UCLG 아시아·태평양 지부의 지지 약속을 받으며 유치전은 탄력을 받기 시작했다.

총회가 열리는 남아공의 더반은 대전시의 자매도시로 우리나라 사람들에게 좋은 기억이 있다. 이른바 '승요'(승리의 요정)의 도시다. 1974년 이 도시에서 열린 WBA 밴텀급 타이틀전에서 홍수환 선수가 승리를 거뒀다. 경기가 라디오로 생중계되었고 경기 후 그는 어머니와의 통화에서 "엄마! 나 챔피언 먹었어"라고 말했다. 어머니가 "그래 수환아, 대한국민 만세다"라고 답한 일화는 두고두고 인구에 회자되었다.

2010 남아공월드컵 B조 예선 최종전인 대한민국 대 나이지리아 전에서 비겨 월드컵 첫 원정 16강을 달성한 곳이기도 하다. 이날 새벽, 잠 못 이루고 경기를 지켜본 기억이 생생하다. 텔레비전에서는 전국

모든 도시에서 붉은 옷을 입은 시민들이 거리 응원을 펼치며 열광하는 모습까지 중계했고, 온몸에 소름이 돋을 만큼 전율이 일었다.

그 이듬해에는 제123차 IOC 총회가 열렸고, 2018 평창 동계올림픽의 유치가 결정됐다. 2003년과 2007년 두 번의 동계올림픽 유치가 실패로 돌아간 뒤, 4년 뒤인 2011년 IOC 위원장의 "평창"이라는 반가운 목소리를 듣을 수 있었던 곳이다. 그러다 보니 이곳에서 열리는 제6회 UCLG 총회에서의 결과가 어찌 기대되지 않았겠는가.

내가 로벤 섬을 방문한 이유

2019년 5월 10일 아프리카 대륙의 최남단이자 남아공 최서단에 위치한 케이프타운으로 가는 비행기 안. 20시간이 넘는 오랜 비행시간 때문이기도 했지만 마음을 정리하느라 잠을 이룰 수 없었다. 총회 장소인 더반으로 바로 가지 않고 케이프타운으로 향하자 일행들은 의아해 했다. 케이프타운과 더반의 거리는 2500km. 그러나 내 발걸음은 분명했다. 넬슨 만델라의 길을 먼저 밟고 싶었기 때문이다. 20대 학생운동을 하던 시절, 나는 감옥에서 투쟁하던 그에게서 많은 용기를 얻었다.

‘사람은 자신이 서 있는 곳이 옳다고 믿는다면 두려움보다 책임이 먼저 온다.’

오랫동안 나를 지탱하게 한 만델라의 말이다. 그래서 그의 18년 수형지 로벤섬으로 향했다. 낮고 평평한 둥근 섬 안에는 철조망으로 둘러싸인 회색 건물과 감방이 있었다. 바닷바람에 씻기운 사각형의 망루가 낯선 이의 방문을 맞았다. 섬은 작았지만, 그 안에 담긴 시간은 거대했다. 만델라는 이렇게 말했다.

“감옥은 나를 구속했지만, 나를 단련시켰다.”

돌아오는 배 위에서 케이프타운의 ‘테이블 마운틴’을 바라보며 나는 다짐했다.

“대전이라는 도시는 누구도 소외되지 않는 곳이 되어야 한다. 그리고 도시의 책임은 결국 사람이 지는 것이다.”

더반에 도착하자마자 UCLG 에밀리아 사무총장을 만났다. 나는 대전의 유치 목적을 솔직하게 말했다.

“총회가 대전에서 열린다면 북측 도시들도 함께 초청하고 싶습니다. 한반도 평화의 메시지를 전 세계 지방정부가 함께 나누는 장으로 만들고 싶습니다.”

사무총장은 미소 지으며 들었다. 그 순간 나는 작은 확신을 느꼈다.

'길이 조금씩 열리고 있구나.'

이어 열린 프레젠테이션에서 나는 대전과 관련한 얘기를 먼저 꺼내지 않았다. 중요한 건 유치하려고 하는 도시의 정신적 가치였다. 그래서 로벤섬 이야기를 꺼냈다.

"더반에 오기 전 케이프타운의 로벤섬을 다녀왔습니다. 만델라 전 대통령이 27년의 구금 중 18년을 보낸 곳입니다. 젊은 시절, 저는 그

UCLG 총회 유치 '허태정 감성외교로 승부' 〈출처 : 디트뉴스24 2019년 11월 17일〉

의 이야기를 읽으며 삶의 방향을 정했습니다. 이번에 직접 그 공간을 보고 싶었습니다. 인권과 평화라는 가치를 다시 붙들고 싶었습니다."

UCLG가 중요하게 여기는 가치인 지역, 인권, 협력, 지속가능성, 네 가지를 중심으로 대전의 정신을 설명했다. 프레젠테이션을 마치자 사무총장이 다가와 말했다.

"정말 인상 깊었습니다. 수락 연설을 준비해 두셔야겠네요."

농담 같았지만, 마음은 따뜻했다. 우리가 가는 길이 틀리지 않았다는 확신이 들었다. 다음 날 나는 평화의 나무 한 그루를 심었다. 넬슨 만델라 전 대통령의 부인 그라사 마셸 여사의 초청을 받았다. 그가 참여한 글로벌 피스 재단의 행사였다.

"폭탄이 아니라, 나무를 심자 Plant Trees Not Bombs"

슬로건은 단순했지만, 그 안의 뜻은 깊었다. 나는 참석자들 앞에서 솔직하게 말했다.

"저는 청년 시절 평화와 자유를 위해 싸웠습니다. 분단국가의 한 도시로서 화해와 번영의 길로 나아가길 간절히 기원하는 마음을 담아 이 나무를 심습니다."

박수가 터졌고, 악수를 청하는 낯선 이들의 손길이 이어졌다. 그 순간 깨달았다. 도시는 결국 마음으로 유치하는 것이다. 진심은 한눈에 보이지 않으며 천천히, 조용하게 사람의 마음을 움직인다. 우리 속담에 "진심은 통한다"는 말이 있다. 말의 기술보다 중요한 것은 마음의 진정성이다. 진심은 씨앗과 같다. 비록 흙 속에 묻혀 보이지 않지만, 조금씩 뿌리를 내리고 언젠가 가장 필요한 때에 꽃을 피운다.

이로써 남아공의 더반은 홍수환 선수의 세계 챔피언 등극, 평창동계올림픽 유치, 월드컵 첫 원정 16강 진출에 이어 '2022 세계지방정부연합UCLG 총회 유치'라는 금자탑을 쌓은 도시로 영원히 기록되었다.

허태정 대전시장, 남아공 더반서 평화를 심다 〈출처 : 서울경제 2019년 11월 14일〉

세계속의 대전을 준비하는 시간

유치는 끝이 아니라 시작이다. 140여 개국, 1000여 도시 대표, 5000여 명의 참가자 도시는 그들을 맞이할 준비를 해야 했다. 우리는 컨벤션 인프라부터 채웠다. 전임 시장 시절 결정된 제2전시장 건립 계획을 이어 2020년 기공, 2022년 준공까지 마쳤다.

또 하나의 큰 과제는 숙소였다. 대전에는 5성급 호텔이 단 한 곳도 없었다. 신세계와의 긴 대화를 통해 4성급으로 계획된 '오노마 호텔'을 5성급으로 격상시키는 결정을 도출했다. 그렇게 충청권 최초의 5성급 호텔이 대전에 들어섰다. 도시는 국제행사를 치를 '격'을 갖추기 시작했다.

이와 함께 국제행사 승인, 도시 문화·관광 프로그램 개발, 기존 행사와의 연계까지 소프트웨어 작업도 숨 가쁘게 이어졌다. 이 모든 준비는 대전이 '세계 속의 도시'로 발돋움하기 위한 기초 체력의 단련이자 실습이었다.

3년의 준비 끝에 2022년 10월, 대전에서 UCLG 총회가 성대하게 열렸다. 나는 그 자리에 없었다. 그리고 시간이 흘러 2025년 10월, "대전시장이 UCLG 회장으로 선출됐다"는 소식을 뉴스를 통해 들었다.

나는 그 소식을 조용히 받아들였다. 그 자리는 개인의 명예가 아니라 도시가 세계를 향해 이어가는 발걸음이기 때문이다. 누군가는 시작하고, 또 누군가는 잇는다. 씨앗과 나무의 시간처럼 도시의 시간도 그렇게 흘러간다. 도시의 품격은 누가 더 칭찬받았는가가 아니라, 누가 더 오래 도시를 향해 마음을 내주었는가로 정해진다.

돌이켜보면 한 장의 만델라 티셔츠에서 시작된 마음이 로벤섬의 바람과 더반의 박수로 이어지며 도시는 세계의 주목을 받는 자리까지 걸어왔다. 사람의 시간은 짧지만, 도시의 시간은 길다. 우리가 할 일은 잠시 머무는 동안 도시를 조금 더 나은 방향으로 한 걸음 밀어 올려두는 일일 것이다. 그렇게 이어지는 발걸음들이 모여 결국 '도시의 이야기'가 된다.

허태정의

결심

화재와 수해 솔선하니 뛰더라

현장에 답이 있는 거야

"취임식을 취소하겠습니다."

민선 7기 대전시장으로 첫 출근을 시작한 2018년 7월 1일에는 태풍 '쁘라삐룬'이 한반도를 향해 북상하면서 기록적 폭우를 쏟아냈다. 아침부터 대전에도 비가 내렸고 전국적으로 피해가 속출했다. 다음날 예정되어 있던 취임식 취소를 지시했다. 공무원들의 얼굴에서 당황한 기

색이 역력했다. 취임식은 대전시장으로서의 직무를 시작한다는 사실을 대내외에 널리 알리는 한편, 나의 직무방침을 밝히는 자리이자 개인적으로는 영광의 순간이기도 하다. 그러나 닥쳐올 재난 상황에서 한가하게 취임식을 할 수는 없었다.

재난안전상황실과 소방본부 119 상황실을 들러 태풍 대비 재난관리 현황을 점검하고 대덕구 문평동 대덕산업단지 배수펌프장을 찾았다. 유수지 빗물 처리가 제대로 되는지 살펴볼 필요가 있었다. 이렇듯 취임하자마자 현장에서 일을 시작한 이유는 현장에 바로 답이 있기 때문이다.

사무실에서 받는 대면보고나 서면보고, 또는 언론보도 등으로 파악할 수 있는 실상은 제한적이다. 상황을 제대로 파악하기 어렵다. 지도자의 현장 부재는 감독 부재를 불러온다. 부서 간 원인 파악과 해결책을 놓고 다툼이 벌어지기도 하고, 이 때문에 의사결정이 늦어지기도 한다. 정확한 상황 파악과 판단, 과감한 의사결정은 현장의 리더가 아니면 이뤄질 수 없다.

도시는 겉으로 보기엔 평온해 보여도 어느 순간 한 줄기 균열이 삶 전체를 흔든다. 12월 3일 그날도 그랬다. 초겨울의 공기가 차갑게 가라앉은 밤. 도시 전체가 불안과 긴장에 잠겼다. 곳곳에서 들려오는 소식은 시민들의 일상과 생명이 위협받고 있음을 알리는 위태로운 신호였다. 위기의 그 순간 시민들은 자연스레 묻는다.

태풍 북상에 허태정 대전시장 취임식 전격 취소
〈출처 : 뉴스1 2018년 7월 1일〉

"우리 도시의 리더는 지금 어디 있는가?"

그 질문은 단순한 호기심이 아니라 내일을 버티게 해줄 믿음에 대한 갈증이다. 위기의 순간 리더가 서 있는 자리 자체가 시민에게 보내는 메시지이기 때문이다. 나는 그렇게 배워왔다. 리더십은 말이 아니라 '자리'로 드러난다. 그 자리가 현장일 수도 있고, 상황실 한가운데일 수도 있다. 하지만 적어도 '비워져서는 안 되는 자리'가 있다는 사실만큼은 명확하다.

시민의 재산과 생명을 지켜야 할 사람이 그 엄중한 시기에 본인의 자리에서 회피했다는 사실은 충격으로 다가왔다. "집에서 보고받으며 밤을 새웠다"고 변명했다. "계엄 상황은 정치권에서 알아서 할 일"이라고도 했다. 자치단체장의 제1 책무는 시민의 안전이다. 도시를 총괄하는 사람이고 시민의 생명과 재산 보호를 최우선으로 삼아야 하는 사람이다.

대통령이 비상시에 NSC를 소집하고 해외 순방 중에도 급거 귀국하는 이유도, 각 자치단체장들이 각종 재난 상황에서 비상회의를 소집하고 현장을 방문하는 이유도 바로 장소가 중요하기 때문이다.

물난리가 난 2025년 8월 충청권 자치단체장들이 모두 유니버시아드대회기를 인수하러 유럽으로 달려갔다. 충청 지역이 물폭탄으로 쑥대밭이 됐는데, 그 난리통에 해외 출장을 떠났다. 이재민은 망연자실한데, 정작 재난 대응의 최일선에 있어야 할 책임자들은 모두 자리를 비웠다. 이태원 참사, 오송 지하차도 참사 등 각종 재해 현장에서 보여준 무책임과 무능함은 바로 지도자들의 현장 외면에서 비롯된 일이다.

2022년 8월 유례없는 폭우로 수도권에 물난리가 났을 때, 대통령은 "자택에서 비상근무 중"이었다고 해명했다. 또 "대통령 있는 곳이 곧 상황실이며 전화 지시나 대면 지시는 차이가 없다"고 횡설수설했다. 현장의 중요성에 대해 무지한 지도자의 전형적인 모습이다.

위기는 보고서나 전화기 너머로는 절대 온전히 보이지 않는다. 현장은 늘 혼란과 변화, 위험이 동시에 존재한다. 책상 앞에서 바라보는 세상은 정돈된 정보일 뿐이다. 실제의 위기는 그 틈 사이로 새어 나온다. 나는 오래전부터 이렇게 믿어왔다.

"장소는 리더의 메시지다."

화재 앞에서 배운 것

"나는 이 상황을 책임지는 자리에서 한 발도 물러나지 않는다."

그 다짐이 조직과 시민에게 전해지면 혼란 속에서도 중심이 생긴다. 결정은 빨라지고 실행은 안정된다. 현장 부재는 그 반대다. 부서 간 혼선이 생기고 상황판단이 늦어지며 책임의 무게가 공중에 뜬다. 그렇기에 현장은 단순히 공간이 아니라 리더십이 작동하는 첫 번째 무대다.

2018년 10월 19일 오후. 관저다목적체육관 공사 현장에서 화재가 발생했다는 보고를 받았다. 생각보다 몸이 먼저 움직였다.

"현장으로 간다."

도착해 보니 짙은 연기가 하늘로 솟고, 수백 명의 소방대원이 땀을 흘리며 연기를 뒤집어쓴 채 진화 작업을 벌이고 있었다. 헬기에서는 물줄기가 사선으로 떨어지고 지상에서는 출동 차량 사이로 사람들이 긴박하게 뛰어다녔다.

나는 장종태 서구청장, 시·구의원들과 함께 상황을 눈으로 확인했다. 철근과 자재가 타들어 가는 냄새, 뜨겁게 달군 공기,

화재 현장 찾은 허태정 대전시장
〈출처 : 뉴스1 2019년 1월 14일〉

긴장의 무게가 현장을 가득 채우고 있었다. 그날 다행히 사망자는 없었지만 11명이 중경상을 입은 큰 화재였다.

관할 책임이 있는 서구청장과 협의한 뒤, 구조안전진단과 복구를 바로 시작하라고 지시했다. 추가 비용은 시공사가 책임져야 했다. 두 달 뒤 준공 예정이던 체육관은 원래 일정보다 늦어져 1년 여가 지나 준공되었다.

나는 이 화재를 통해 다시 확인했다. 보고서는 문제를 설명하지만 현장은 문제를 드러낸다는 점이다. '문제의 해결은 문제가 발생한 그날의 그 현장에서 새롭게 시작한다'는 평범한 진리를 일깨운다.

허태정 대전시장 화재현장 점검 〈출처 : 뉴스1 2020년 6월 21일〉

정림동 수해로 얻은 교훈

2020년 7월 30일 새벽 천둥과 번개가 도시를 가르며 폭우가 쏟아졌다. 아침 일찍 수해 상황을 듣고 갑천 등 주요 지점을 순찰하던 중 정림동 코스모스 아파트가 침수되기 시작했다는 다급한 보고를 받았다. 즉시 119 상황실로 뛰어갔다.

"무슨 일이 있어도 인명피해가 나서는 안 됩니다. 구조를 최우선으로 해주세요."

그러나 안타깝게도 사망 소식이 들려왔다. 한동안 말을 잇지 못했다. SNS와 각 방송에는 아파트의 참혹한 상황이 계속 보도되고 있었다. 다른 곳에서도 침수 피해를 입었다는 보고가 시시각각 올라왔다. 갑천에는 홍수주의보가 발령되고, 하상도로와 주요 지하차도는 전면 통제됐다. 대동천 범람 우려로 주민 대피가 이뤄졌다.

오후 2시, 언론 브리핑을 마친 뒤 나는 바로 정림동 현장으로 향했다. 아파트를 덮친 수해는 야산에서 쏟아져 내려온 빗물이 갑천으로 빠져나가지 못해 생긴 것이었다. 배수펌프 투입에 어려움이 많다는 보고가 계속 올라왔다. 예산 이야기도 나왔다. 단호하게 말했다.

"예산은 나중 일입니다. 지금 가장 필요한 건 속도입니다. 이유 여하를 불문하고 동원 가능한 배수펌프를 모두 투입하세요."

그 한마디로 배수펌프 10여 대가 빠르게 동원되었고 복구 속도가 붙기 시작했다. 그걸 상황실에서 전화로 지시했다면 결과는 달라졌을지도 모른다. 리더는 현장에서 지시할 때 조직 전체의 흐름을 바로잡을 수 있다. 이후 나는 대전 전역을 돌며 추가 피해를 점검하고 현장에서 직접 대책을 정리했다. 그 경험을 토대로 배수관 확장, 지하차도 배수펌프 교체, 재난 물자 동원 체계 정비, 보도교 교체 등 중장기적 방재 대책을 마련했다.

당시 나는 7월 말일까지 여름휴가를 떠날 계획이었다. 휴가계까지 제출한 상태였지만 폭염이 이어지고 코로나19 확진자가 다시 급증하면서 휴가를 반납하고 대전지역 전역을 돌며 현장 점검과 간담회를 이어가던 중이었다. 기록적인 폭우를 예견한 것은 아니지만, 만약 그때 예정대로 여름휴가를 떠났더라면, 게다가 먼 곳으로 떠났더라면 어떤 일이 벌어졌을까 하는 생각을 해 본다. 갑자기 등골이 서늘해진다.

재난이 남긴 한 가지 질문

화재와 수해를 지나오며 나는 한 가지를 더 확신하게 되었다. 리더는 '정답을 아는 사람'이 아니라 '정답을 찾으러 현장으로 가는 사람'이라는 것. 위기는 우리에게 이렇게 묻는다.

"지금 당신은 어디에 서 있는가."

시민의 불안 앞에, 혼란의 중심에, 위험의 초입에, 그 자리에 서 있는 것만으로도 사람들은 안도한다. 조직은 방향을 잡고 도시는 다시 움직이기 시작한다. 나는 지금도 이렇게 믿는다. 보고는 책상 앞에서 받을 수 있지만, 책임은 현장에서만 지는 것이다. 위기의 순간, 리더의 발걸음이 향하는 그곳에 도시의 내일이 달려 있다. 그리고 그 진실은 지금도 변하지 않는다.

"현장은 결코 배신하지 않는다."

허태정의
결심

응답하라, 대전방역시

팬데믹의 어둠 속에서 서로를 지켜낸 시간

2020년 2월. 겨울 끝자락의 공기가 아직 차가웠던 오전, '코로나19 관련 긴급 대책회의'를 마치고 집무실로 돌아왔는데, 전화벨이 울렸다.

"시장님, 대전에서 첫 확진자가 나왔습니다."

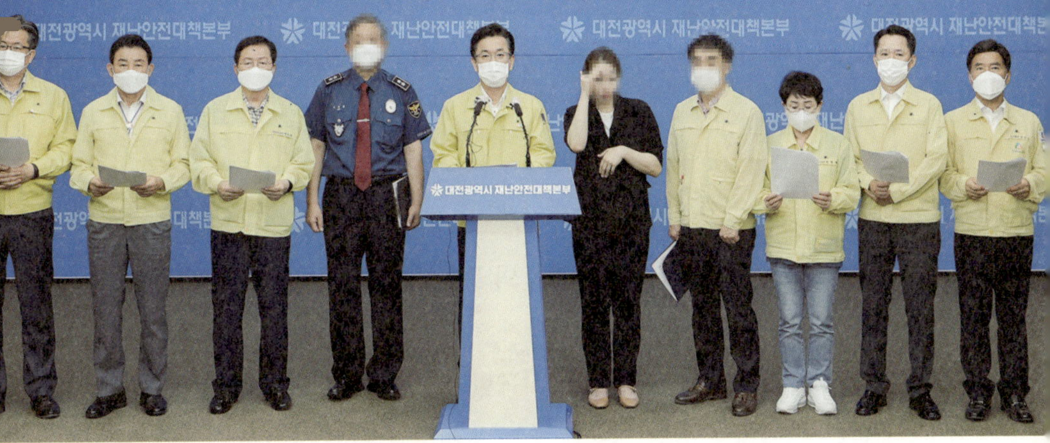

모든 것이 잠시 멈춰 선 것처럼 보였다. 그동안 뉴스 속 이야기였던 코로나19가 이제는 '대전의 현실'이 된 것이다. 종합 보고를 받고 다음날 오전 브리핑룸으로 향했다. 걸음을 옮길수록 발걸음 아래로 도시의 긴장이 전해지는 듯했다. 마이크 앞에 서자 카메라 셔터 소리가 쏟아져 들어왔다. 대전에서도 첫 확진자가 나왔다는 사실 때문인지 기자석은 이미 빽빽하게 찼다. 나는 마이크 앞에 섰다.

"확진자는 서울 거주자인 20대 여성입니다. 대구를 방문한 뒤 대전의 지인을 찾아와 여러 곳을 방문했고 현재 동선을 추적 중입니다."

말을 꺼내는 순간에도 기자들의 눈빛이 흔들렸다. 그 흔들림 속엔 시민들의 마음이 고스란히 비쳐 있었다. 불안, 공포, 예민함, 그리고 '알고 싶다'는 마음. 기자들의 손은 쉴 새 없이 자판을 두들겼다.

"동선 공개 범위는 어디까지입니까?"
"개인 정보 침해 소지는요?"
"종교단체 관련성은?"

질문은 예리했고, 그만큼 시민들의 불안도 깊다는 뜻이었다. 오후 확진자가 다녀갔다는 중앙로 지하상가를 찾아 긴급특별방역소독을 지휘했다. 그날, 대전의 SNS는 "여기 들렀대", "혹시 나도 동선에 겹치는가"라는 이야기로 뒤덮였다. 도시는 우리도 모르는 사이 서로를 향해 촉수를 곤두세우고 있었다.

팬데믹은 도시의 지도도, 사람의 일상도 바꾸었다. 확진자의 동선이 공개될 때마다 시민들은 지도 앱을 열어 그 길을 따라가며 "여기가 어디?", "여기 이런 가게가 있었나?"라고 전에 없던 관심으로 동네 구석구석까지 들여다봤다. 이상한 변화였다. 전국 단위 뉴스가 사라지고 매일 오전 오후, '오늘 대전 확진자 몇 명?'이 도시의 가장 큰 이슈가 되었다.

그러나 문제도 있었다. 확진자의 인권과 시민 안전 사이에서 늘 고민이 생겼다. "어디까지 공개해야 시민들의 불안을 줄일 수 있을까?", "어디까지만 공개해야 확진자 개인의 삶을 보호할 수 있을까?" 이 칼날 위 같은 판단을 하루에도 열 번 넘게 내려야 했다.

대규모 집단감염 코로나의 두 번째 파도

1년 가까이 대전은 비교적 잘 버텼다. 그러던 어느 날, 밤 11시를 넘겼을 때였다.

"시장님, 종교단체에서 운영하는 비인가 학교에서 100명이 넘게 확진됐습니다."

보고의 톤이 달랐다. 말끝이 떨리고 있었다. 나는 즉시 교육감과 5개 구청장과의 긴급 회의를 열었다. 127명의 집단감염이라는 내용에 회의실 공기는 숨조차 조심해야 할 만큼 무거웠다. 학생들이 방마다 최대 20명까지 배정돼 함께 생활하는 등 밀폐된 공간에 밀집해 있었고 밀접 접촉하는 '3밀 조건'을 다 갖춘 채 집단생활을 했다는 게 원인이라는 보고였다.

"확진자 동선은?", "접촉자 규모는?", "지역사회 확산 가능성은?", "대책은?"

밤새도록 이어진 회의 끝에 물음표에 대한 해답은 강력한 방역 조치였다. 집합금지 명령, 무허가 영업 단속, 허위 진술·조사방해 형사처벌, 무료 검사 확대, 음압병실 확충, 행정이 가질 수 있는 카드를 사실상 모두 꺼냈다. 그때는 누가 더 옳으냐가 아니라 도시 전체를 지키기 위한 싸움이었다. 그리고 도시는 그 싸움을 시작했다.

감염병의 방역은 양날의 칼이다. 약간이라도 느슨하게 대처하면 어디선가 집단감염이 생긴다. 반면 강력한 방역을 하면 시민들의 일상이 규제돼 서민경제가 어려워진다. 최상의 카드는 방역 강화로 바이러스의 전파를 최대한 막아내는 한편, 서민경제가 어려워지지 않도록 지원하는 일이다.

의심자를 조기 발견하고 관리를 강화하며 확진자에 대해서는 격리를 통해 치료 역량을 높였다. 지역사회 각 기관과 밀접하게 협력해야 했다. 마스크와 진단키트를 충분히 확보해야 했고, 역학 조사관도 더 필요했다. 협업으로 문제를 해결했다. 방역 강화로 어려움을 겪는 소상공인을 보호하고, 지역경제에 활력을 불어넣어 위기를 기회로 만드는 일도 동시에 해야 했다.

그런 역할을 '온통대전'이 훌륭하게 해냈다. 아울러 휴업 조치에 동참한 지하상가 등 공공시설 소상공인에게는 사용정지 기간 임대료 납부를 유예하고, 관리비와 임대료 인하 및 사용기간 연장 등을 시행했다. 민간 건물에 입주한 소상공인을 위해 건물주들이 착한 임대료 운동에 동참해 주었다. "백지장도 맞들면 낫다"고 여럿이 협력하니 문제도 풀렸다.

방역은 성공적이었다. 대전시가 콘트롤타워 역할을 하고, 5개 구청과 보건소가 연합해서 대응했다. 상급 병원인 충남대병원을 비롯한 의료기관의 적극적인 협력은 팬데믹 과정을 극복하는 데 중요한 역할을 했다.

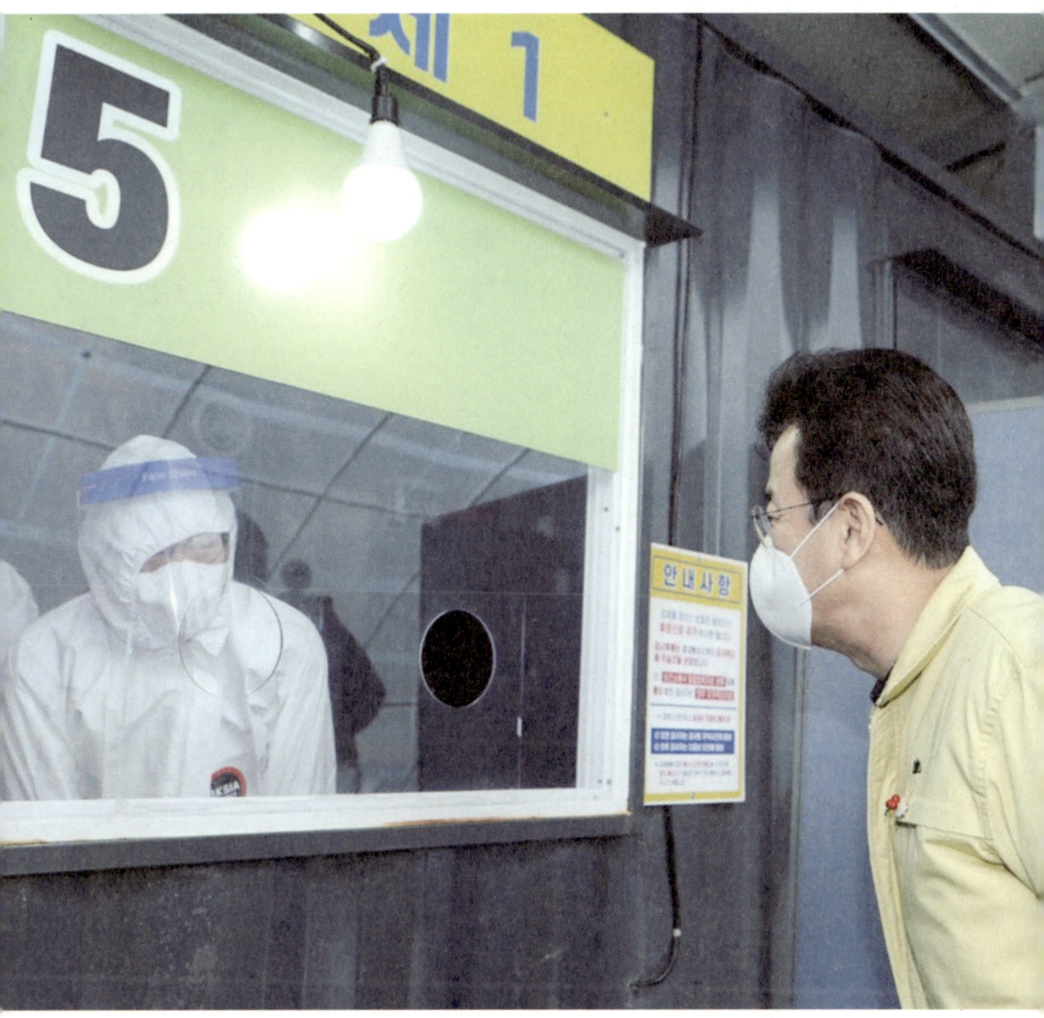
5
안내사항

팬데믹 두려움, 집단 지성 발휘한 시민들

코로나19 팬데믹으로 잃은 것이 너무 많았다. 시민들은 일상을 잃었고 대전시는 방역행정에 온 역량을 집중했다. 눈에 보이지 않는 바이러스와 싸우느라 시간이 어떻게 지나가는지 모를 정도로 처절했다. 바이러스와 싸우는 일도 일이었지만, 시민들 마음속에 자리 잡은 공포도 전염병처럼 번졌다. 팬데믹 초기에는 격리시설과 생활치료센터 설치와 관련해 지역 주민들의 반발이 거셌다. 죽느냐 사느냐의 갈림길에선 절체절명의 문제였을 것이다.

2020년 1월, 중구 침산동에 있는 대전청소년수련마을을 격리 수용시설로 선정했다. 당시만 하더라도 대전지역에서는 확진자가 나오지 않았지만 '어떤 일이든 미리 충분히 준비하고 대비하는 것이 중요하다'는 판단으로 결정했다. 사전에 주민의 동의를 구하지 못한 문제는 있으나 집단 감염병 앞에서 모두가 고통을 분담해야 한다는 행정원칙 차원에서 결정한 일이었다. 이어 3월 개학을 앞두고 유학생들의 입국에 대비해 유성유스호스텔을 격리시설로 추가 확보했다.

그때마다 일부 언론에서는 행정편의주의, 주민안전 위협이라는 비판을 내놓았고 일부 정치인들도 이러한 주장에 합류했다. 확진자도 아닌 해외입국자의 격리시설을 두고 온갖 트집을 잡는 태도는 이해하기 어려웠다. 하루에 수백 명의 확진자가 쏟아져 나오는 국가적인 재난 앞에서 주민과의 갈등과 행정 불신을 부추기는 태도는 바람직스럽지 못하다.

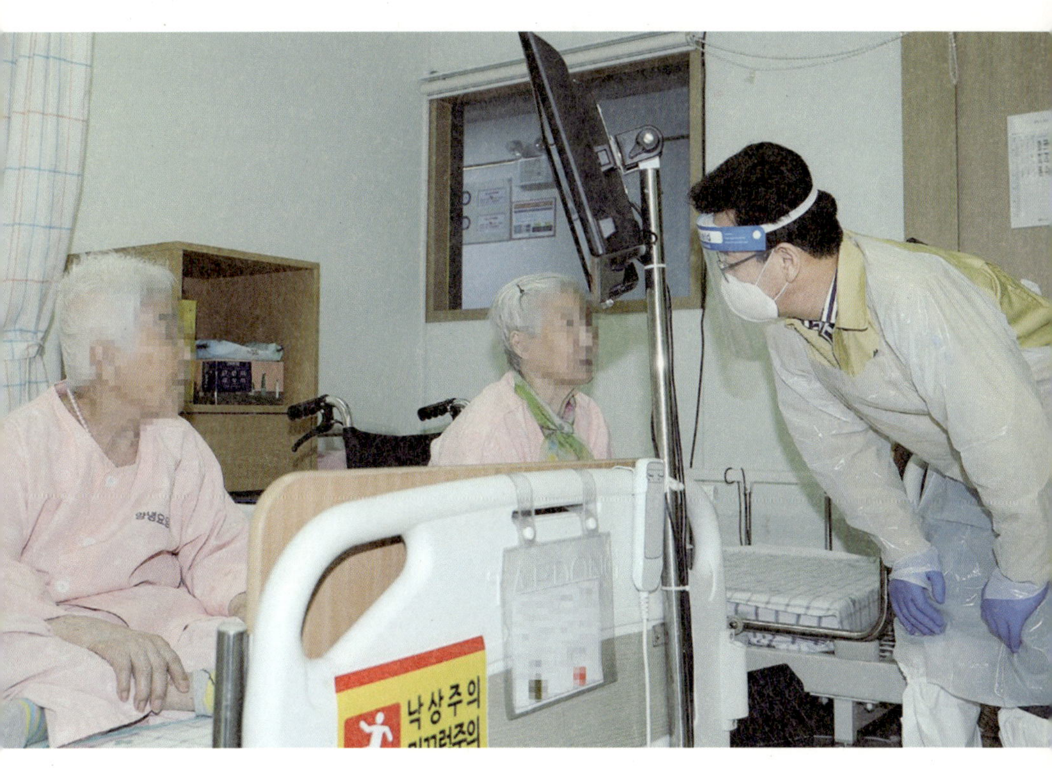
낙상주의

KT인재개발원에 이어 LH토지주택연구원에 생활치료센터를 지정하면서 주민간담회를 열었다. 간담회에 참석한 주민들의 얼굴에서 '두려움'이라는 단어가 그대로 읽혔다. KT인재개발원에서 사람들은 물었다.

"시장님, 괜찮은 거죠? 우리 애 학교가 바로 근처인데요."

나는 종이 한 장을 꺼내 병실 구조와 공기 흐름, 의료진 동선까지 차근차근 설명했다. 설명이 끝나자 한 아주머니가 이렇게 말했다.

"사람이 아프다는데… 어디든 들어가야지요. 같이 살아야죠."

그 말은 무거운 공기 속에서 밝게 빛나는 작은 등불 같았다. 얼마 지나지 않아 점차 여기저기 응원의 메시지가 올라오기 시작했다. 전민동 LH연구원을 생활치료센터로 지정했을 때 그 지역에 이런 문구의 현수막이 걸렸다.

'건강한 일상으로 빠른 복귀를 기원합니다.'

나는 그 문장을 읽고 한참을 서 있었다. 도시의 가장 큰 치료제는 시민의 연대라는 사실을 말해주고 있었다. 팬데믹은 우리에게 많은 것을 빼앗았지만 동시에 우리가 어떤 도시인지 또렷하게 드러내기도 했다.

팬데믹에서 깨달은 것, 대전이 '방역시防疫市'

코로나19 경보가 '심각 단계'로 올라갔을 때, 대전은 이미 전면전의 분위기였다. 우리는 청소년수련마을과 유성유스호스텔을 격리시설로, 그리고 KT·LH연구원 등을 충청권 생활치료센터로 잇달아 확보했다. 도시는 쉬지 않았고 행정도 멈출 수 없었다.

대전이 '방역시防疫市'로 불리기 시작했다. 모든 시간의 뒤편에는 수많은 이름 없는 사람들의 땀이 있었다. 방역복을 입고 밤새 역학조사를 실시한 보건소, 음압병실을 만들기 위해 기존 병실을 개조한 병원, 휴업하며 방역에 협조한 자영업자, "괜찮다"며 시설 제공에 동의한 동네 주민, 매일 아침 시민들이 눌러보던 대전시 재난문자, 마스크를 나눠주던 자원봉사자, 119 상황실에서 밤샘 근무하던 직원, "힘내라"며 가게 문에 남긴 작은 쪽지들. 이 모든 조각이 모여 대전은 '방역시'라는 이름을 얻게 되었다. 그건 어느 한 사람의 공적이 아니고, 행정의 업적만도 아니다. 도시 전체가 함께 받은 훈장이었다.

우리 민족은 위기에 강하다. 위기가 닥치면 힘을 내고 서로를 돕는 민족이다. 대전시민 모두가 힘들고 어려웠지만 정부와 대전시를 믿고 위기를 극복하는데, 힘을 모아 주었다. 많은 시민을 포함해 우리 사회의 의식 있는 역량으로 시민의 생명과 안전을 지킬 수 있었다고 믿는다. 이것을 두고 나는 '시민방역'이라고 한다.

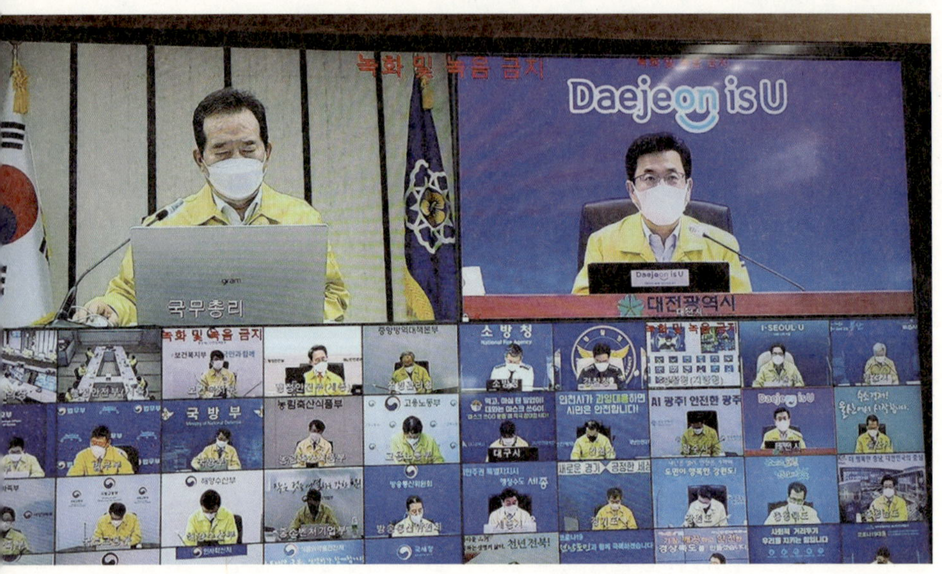

민선 7기 대전시장으로 첫 출근을 시작한 2018년 7월 1일, 태풍이 몰고 온 기록적 폭우로 취임식을 취소했다. 재난 대응으로 대전시장의 직무를 시작했다. 그리고 1년 반 뒤에 찾아온 코로나19 팬데믹은 우리가 상상하지 못하는 전 세계적인 재난으로 우리를 덮쳤다. 시장 임기가 끝날 때까지 이 공룡과 같은 감염병과 사투를 벌이느라 정신이 없었다. 나의 대전시장 재직기간 절반 이상은 코로나19 대응으로 시간을 보냈다고 해도 과언이 아니다. 재난 대응으로 시장의 직무를 시작하고 재난 대응으로 시장의 직무를 마무리한 셈이다.

팬데믹을 지나오면서 배운 것이 있다. 리더는 현장에 있어야 한다. 집이나 사무실이 아니라 백신 냉동고 앞, 격리시설 복도, 생활치료센터의 창문 아래, 브리핑룸 한가운데가 리더의 자리다.

하지만 그보다 더 중요하게 배운 것도 있다. 도시는 시민들이 지킨다는 사실이다. 설명회를 거듭할 때마다, SNS에서 시민들이 서로 정보를 나눌 때마다, 확진자 동선을 보고 스스로 자가검사를 받으러 갈 때마다, 나는 이 도시의 '집단 지성'을 보았다. 무리 지어 두려움에 떨던 사람들은 설명을 듣고 이해했으며, 서로를 돕고 함께 해결책을 찾았다. 도시는 그렇게 서로에게 용기를 불어넣어 주며 버텼다. 그래서 나는 지금도 그 시절을 이렇게 부른다.

"응답하라, 대전방역시"

그 모든 시간은 도시와 시민이 함께 써 내려간 한 편의 기록이었다. 도시는 위기 앞에서 비로소 자기 얼굴을 드러낸다. 그 시절 대전은 무너지는 대신 서로를 붙잡는 도시였다. 그 모습이 나는 자랑스럽다.

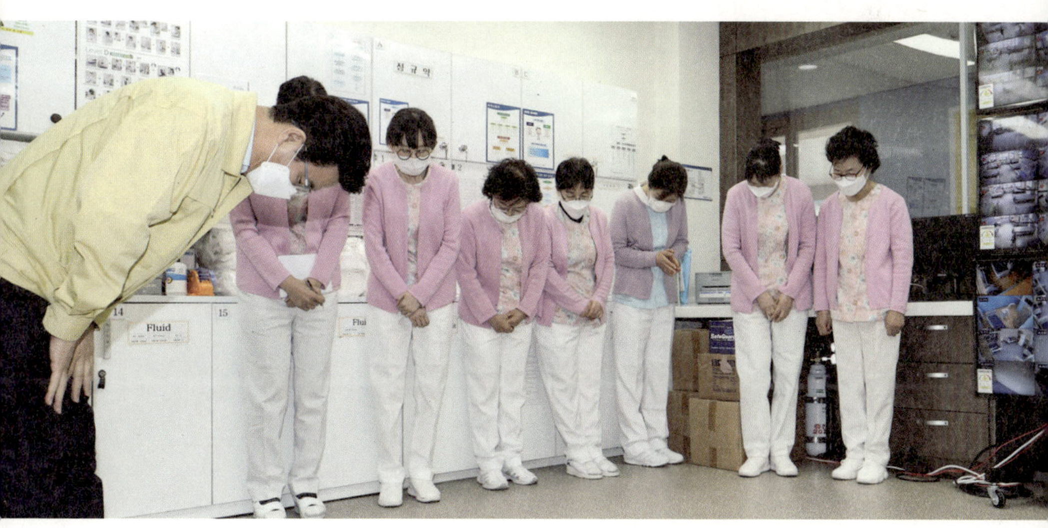

미술학원
피부과의원

2 내 머릿속은 온통대전

허태정의

결심

자나 깨나 민생

온통대전은 '도시의 얼굴'이었다

대선 때 골목을 다니며 가장 많이 들은 말이 있었다.

"시장님, 제발 장사가 되게 해주십시오."
"온통대전, 다시 살릴 수는 없는 겁니까?"

시장직을 떠난 뒤였지만 사람들은 여전히 나를 '온통대전 시장'으로 기억했다. 그만큼 시민들 마음속에 강하게 남아 있다는 뜻이기도 했다. 2020년 5월 14일, '온통대전'은 공식 출시됐다. 출시 한 달 만에 발행액이 수천억 원을 넘었다는 보도가 나올 정도로 속도가 빨랐다. 대전시민 거의 대부분이 지갑 속에 '온통대전' 한 장쯤은 넣고 다녔다. 시장으로서 나도 마찬가지였다. 점심시간이면 일부러 전통시장을 찾아가 '온통대전'으로 김밥과 국수를 사 먹었다.

"시장님, 이거 아니었으면 벌써 문 닫았어요."

전통시장 상인들이 계산대 너머로 던지는 이 한마디는 정책 평가표 어느 칸보다 더 솔직했다. '온통대전'은 브랜드로도 인정받았다. 2021년, 지역화폐로는 처음으로 '대한민국 브랜드' 대상을 받았다. 지역화폐가 도시를 대표하는 이름이 된 것이다. 브랜드는 로고와 색깔만으로 만들어지지 않는다. 사람들이 "아, 그건 믿을 만해"라고 말해 줄 때 비로소 브랜드가 된다. 온통대전이 그 단계에 올라서는 데 몇 년 걸리지 않았다. 대전시는 '온통대전'이라는 이름을 상표로도 보호하기 위해 특허청에 상표등록을 출원했고, 2021년 공식 등록을 마쳤다. 법적으로도, 행정적으로도, '도시의 얼굴' 한 장을 만들어 놓은 셈이다.

지금 '온통대전'은 이름과 구조가 많이 바뀌었다. 정책과 제도는 언제든 바뀔 수 있다. 다만 어렵게 쌓아 올린 도시 브랜드가 충분히 활용되지 못한 점은 아쉽다. 나는 '온통대전'을 하나의 정책이 아니라 '민생을 중심에 두는 방식'이라고 생각했다. 카드 한 장에, 골목상권과 시민의 삶, 그리고 '지역경제도 스스로 일어설 수 있다'는 믿음을 담고 싶었다.

서민경제와 지역경제 활성화 정신을 담은 '온통대전'의 부활과 브랜드 리더로의 성장은 반드시 필요하다. 지역의 저소득층이나 어려운 계층에 좀 더 혜택이 돌아감으로써 경제뿐만 아니라 사회복지에도 큰 도움이 되도록 새롭게 설계 되어야 한다. 서민과 소상공인이 웃을 수 있고 희망이 피어나는 진짜 대전을 만드는데 '온통대전'이 한몫 할 것이라는 희망을 갖고 오늘도 시민들을 만난다. '온통대전'은 우리 곁으로 다시 돌아와야 한다.

“문 닫게 생겼습니다”라는 말 앞에서

코로나19가 본격적으로 확산되자 대전시청 집무실 문을 열면 가장 먼저 들려오는 이야기가 있었다.

“시장님, 이러다 문 닫겠습니다.”

식당, 학원, 헬스장, 노래연습장, PC방…. 출입명부를 써야 하는 업종일수록, ‘손님이 끊겼다’는 말이 더 자주 나왔다. 방역을 강화하자니 사람 모이는 일을 줄여야 했고, 그러면 가장 먼저 타격을 받는 이들이 바로 소상공인이었다. 하루는 영업 제한이 걸린 업종 대표 몇 분이 시청으로 찾아와 이렇게 말했다.

“방역이 중요하지 않다는 게 아닙니다. 매출이 반토막이 나도 월세와 인건비는 그대로입니다. 이대로는 버틸 수가 없습니다.”

그 말 앞에서 “버텨라”라고 할 수는 없었다. 그래서 방역 기조는 유지하되, 타격을 받은 곳에는 최대한 빨리, 직접적인 지원을 하자는 쪽으로 방향을 정했다. 2020년 3월, 첫 번째 경제대책으로 대전형 재난지원금과 긴급 지원을 내놓았다. 하지만 코로나는 쉽게 끝날 기미가 보이지 않았다. 같은 해 9월, 정부가 추경을 통해 전국적인 맞춤형 지원에 나서면서 대전도 ‘특별 지원 대책’을 따로 마련했다.

언론 보도 기준으로 정리해 보면, 당시 대전시는 총 1269억 원 규모의 '대전형 코로나19 특별지원 대책'을 내놓았다. 구체적으로 사각지대 피해지원과 관련해서는 정부 지원에서 제외되는 매출 감소 소상공인에 대한 지원, 방역을 위해 집합 금지되었던 고위험시설 업종에 대한 추가 지원, 거리두기에 따른 이동 제한으로 경제적 피해가 두드러진 전세버스 운수종사자와 관광사업체 지원, '착한임대인'에 대한 세제 감면 연장 등을 시행했다.

'지속가능 고용안정'을 위해 근본적인 생계 불안 해소는 고용안정만이 답일 수 있기에 소상공인 신규 고용에 대한 인건비 지원을 확대하고 고용유지를 위한 사회보험료 등의 납부에 사업주 부담이 없도록 했다. 특히 '경기활력 기반구축'을 위해 집합금지와 영업시간 제한 조치로 업소 운영에 어려움을 겪었던 고위험시설과 종교시설·학원 등 다중이용시설, 일반·휴게음식점에 대해서는 별도로 방역물품을 지원했다.

당시 재정 여건이 넉넉한 상황은 아니었다. 하지만 재난 상황에서의 예산은 '남는 돈이 있느냐'가 아니라 '어디를 먼저 살려야 하느냐'의 문제였다. 그래서 공약 사업 일부는 속도를 늦추고, 불요불급한 예산을 줄이면서 긴급 지원 재원을 마련했다.

나는 기업을 운영했던 경험이 있다. 30대 초반, 지붕 자재를 생산하는 작은 회사를 하면서 "이번 달 월급 줄 수 있을까"를 며칠씩 고민하던 시절이 있었다. 재고가 쌓이고, 주문이 끊기면 대표는 잠이 오지 않는다. 그때의 기억 때문에, 코로나 시기 소상공인들을 만날 때면 마치

새로운 대전 시민의 힘으로
소상공인 일상회복 특별지원금
사회적 거리두기 강화로 어려움을 겪고 있는
자영업·소상공인에게 '일상회복 특별지원금'을 지급합니다.
지원대상
'21.7.7. 이후 집합금지·영업(시간)제한 업종
매출감소 일반업종 全 소상공인
지원내용
집합금지(5종) 업체당 200만원 (2,000개소)
영업제한(15종) 업체당 100만원 (39,000개소)
매출감소 일반업종 업체당 50만원 (54,000개소)
지급일정
신속·확인지급 : '21년 11월 1일 ~ 12월 31일
1. 집합금지 업종 : '21년 11월 1일 ~ 11월 10일(10일간)
2. 영업제한·매출감소 업종 : '21년 11월 17일 ~12월 31일(45일간)
지원규모
700억 원 / 95,000개 업체

예전의 나를 보는 듯한 느낌이 들었다. 그래서 가능하면 현장을 많이 찾았다. 비어 있는 식당에서, 불만 켜져 있는 가게에서, 사장님과 둘이 앉아 이런 이야기를 나눴다.

"언제쯤 끝나겠습니까, 시장님."

정답을 줄 수 없다는 것이 가장 괴로웠다. 대신 이렇게 답할 수밖에 없었다.

"끝날 때까지 버틸 수 있도록 도와드리겠습니다."

'온통대전'도 이런 상황에서 역할이 더 커졌다. 코리아세일페스타 기간에는 예산 약 170억 원을 투입해 일시적으로 캐시백 혜택을 최대 25%까지 올렸다. '지금이라도 써야 한다, 그래야 골목이 산다'는 절박감에서였다. 또 온라인으로 옮겨가는 소비 흐름을 따라가기 위해 온통대전 쇼핑몰, 배달 플랫폼, 전통시장 온라인 입점 지원 등도 서둘렀다. 모든 시도가 완벽했다 말할 수는 없다. 다만 분명한 건, 당시 행정의 초점이 '소상공인의 생존'에 맞춰져 있었다는 점이다.

나는 그 시기를 떠올리면 '방역'과 '민생'이라는 두 단어가 가위·바위·보 하듯 매일 부딪치던 기억이 난다. 방역을 풀면 병상이 걱정되고, 조이면 가게가 걱정됐다. 그 가운데서 우리가 할 수 있었던 것은 조금이라도 빨리, 조금이라도 정확하게, 도움이 필요한 곳을 찾아가는 일이었다.

일자리는 숫자가 아니라 얼굴이다

재난 상황에서 가장 먼저 흔들리는 것은 작은 가게와 비정규직 노동자의 자리였다. 그래서 나는 시장이 된 뒤 늘 고용 통계를 체크했다. 2018년 취임 당시 대전의 고용지표는 전국 평균보다 좋지 않았다. 통계청 '지역별고용조사' 자료를 보면, 당시 대전은 '고용은 낮고 실업은 높은' 구조였다. 청와대에서 열린 민선 7기 첫 시·도지사 간담회에서 보고의 90% 이상이 '일자리' 이야기였던 이유도 여기에 있다.

전형 코업co-op 프로그램 '청년 뉴리더' 양성사업, 대덕특구 리노베이션, 스타트업 타운, 공공기관 지역인재 의무채용.

전부 다르게 들리지만 결국은 '대전에 어떤 일자리를 만들 것인가'로 모아진다. 나는 공무원들에게 이렇게 말했다.

"단기 알바 3개월 늘려놓고 '일자리 몇 개 만들었다'고 자랑하지 맙시다. 천천히 가더라도 3년, 5년 버틸 수 있는 지속 가능한 일자리를 만들면 좋겠습니다."

그래서 '좋은 일터 조성사업'처럼 노사 상생과 작업환경 개선을 결합한 모델도 고용정책의 일부로 보았다. 코로나19로 기업이 어려워질 때, 근로시간을 줄이고 고용을 유지하는 기업에는 시가 인건비 일부와 사회보험료를 지원했다. 동시에 혁신도시 지정과 공공기관 지역인재 채용 의무화도 추진했다. 2019년 혁신도시법이 개정되면서 충청권에 있는 51개 공공기관이 지역대학 출신 인재를 일정 비율 이상 채용하도록 제도가 바뀌었다.

지속적인 일자리 만들기 사업을 통해 1년 반 만에 6만 5000여 개의 일자리를 만들었으며 90개가 넘는 기업도 유치했다. 2019년 8월 고용률은 61.0%로 최근 5년 중 가장 높은 수치를 기록하는 한편, 전국 평균을 웃돌았다. 실업률도 2.8%로 빠르게 하락했고 전국 평균보다 낮았다. 취임 1년 만에 거둔 놀라운 성과다.

2021년까지 대전의 취업자는 78만 5000명으로 증가했고 고용률은 퇴임하기 전 61.6% 수준으로 유지되었다. 만 15~64세의 경제활동참가율을 보더라도 2020년 말 63.4%였고 이는 전국 평균 62.5%보다 0.9%p 높은 수치였다.

이러한 경제활동참가율은 퇴임하던 해인 2022년 말까지 63.1%를 유지했다. 실업률은 취임 해인 2018년 4.2%에서 퇴임 해인 2022년 말 2.4%까지 낮췄다. 전국 평균보다 0.5%p 낮은 수치다. 이는 단순한 숫자의 문제가 아니었다. 대학을 졸업하고도 일자리가 없어 "서울로 가야 하나" 고민하던 청년들의 선택지를 한 칸 넓혀 주는 일이었다.

최근 보도를 보면 2022년 이후 대전의 청년 고용률은 다시 하락세를 보이고, 전체 고용률 또한 전국 평균보다 낮아졌다는 자료가 나온다.

통계표에 찍힌 1%의 변화는 누군가의 월세, 누군가의 학자금, 누군가의 퇴직금으로 이어진다. 그래서 나는 지금도 '일자리'라는 단어를 보면 머릿속에 숫자보다 먼저 사람들 얼굴이 스친다.

공단에서 기계 소리 속에 서 있는 사람, 창업 카페에서 밤늦게까지 PPT를 고치는 청년, 골목 카페에서 아르바이트를 하는 대학생, 코로나 때 영업시간이 줄어 일찍 귀가하던 소상공인….

민생은 거창한 구호가 아니다. 그 얼굴들이 내일도 일터에 나갈 수 있도록 도시가 옆에서 받쳐 주는 일이다.

나는 시장으로 일하던 시간의 절반 이상을 재난 대응과 민생 대책에 썼다. 재난이 끝난 뒤 남은 것은 숫자 몇 줄짜리 치적이 아니라, "그때 고맙게 잘 버텼습니다"라고 건네던 소상공인의 악수와 "대전이라서 견딜 수 있었다"라고 말해주던 시민들의 한마디였다. '온통대전'도, '재난지원금'도, 일자리 정책도, 결국은 그 말을 듣고 싶어서 한 일인지도 모른다.

"자나 깨나 민생."

이 여섯 글자가 도시를 움직이는 가장 현실적인 에너지라고 믿는다.

허태정의

결심

02

대전은 과학이지

인간과 과학이 함께 발전하는 도시

"과학기술은 인간의 행복을 위해 함께 발전해야 한다."

나는 대전을 떠올릴 때마다 두 개의 빛을 본다. 하나는 연구실 불이 밤새 꺼지지 않는 대덕의 빛, 다른 하나는 그 기술이 골목과 시장, 사람의 삶 속으로 내려오며 도시를 천천히 데워온 생활의 빛이다. 대전은 이 두 빛이 섞여 어우러진 도시다. 기술이 앞서가고, 사람이 그 뒤를 걸어오며 그 사이에서 도시는 균형을 배웠다. 나는 오랫동안 마음속에 같은 질문을 품고 살았다.

"과학기술의 발전은 사람에게 어떻게 닿아야 하는가."

이 질문은 한 방향을 가리켰다. 연구실 안에 머무는 기술이 아니라, 사람이 체감하는 기술. 그 기술로 일하고, 배우고, 성장할 수 있는 도시. 대전이 그런 도시가 되기를 바랐다.

유성구 궁동에 '스타트업파크' 조성을 기획했을 때, 그곳의 풍경을 오래 바라본 적이 있다. 낡은 주차장, 버려진 채비지, 그늘진 골목. 누가 보아도 개발의 흔적이 뜸한 자리였다. 하지만 나는 그곳이 언젠가 새벽에도 불이 꺼지지 않는 거리로 바뀔 것을 믿었다.

'스타트업파크'는 대전 청년들의 재능과 실패·회복·도전이 오랜 시간 쌓여 돌아갈 '기지' 같은 곳이어야 했다. 그래서 공간을 먼저 짓지 않고 '사람의 흐름'을 먼저 그렸다. 입주실, 실험공간, 공유오피스, 회의실, 투자자와 창업가가 마주 앉을 수 있는 오픈데스크, 실패한 팀이 다시 도전할 수 있는 재도전 프로그램까지. 연구실에서 나온 기술이 누군가의 사업이 되고, 그 사업이 또 다른 일자리가 되어 사람의 손으로 돌아오는 흐름이어야 했다.

'스타트업파크'는 유성구 궁동 공영주차장 부지에 있는 '재도전 캠퍼스'와 통합 구축한 사업으로, 혁신기술을 보유한 창업기업들이 입

대전 스타트업파크 본부
DAEJEON START-UP PARK HQ
대전재도전·혁신 캠퍼스
Daejeon RE-challenge Campers

주해 성장하는 공간이다. 2020년 9월 중소벤처기업부의 '스타트업파크' 조성 공모사업에 선정되었고 그해 말 행안부의 중앙투자심사를 통과했다. 관계기관과의 업무협약, 공유재산 심의, 연구개발특구내 건축규제 제한 완화 승인 등의 행정절차를 완료했다. 그렇게 해서 궁동 대학로에 청년들을 위한 창업공간 '스타트업 타운' 3개소(D1, D2, D3)의 문을 열었다.

이어 대전의 한국판 실리콘밸리 시대를 본격적으로 여는 또 하나의 신호탄이 지방 최초로 건립된 대전 '팁스TIPS타운'이다. 글로벌 기술창업 육성 지원을 위한 공간으로 우수 기술 아이템을 보유한 창업팀을 선발해 창업·기술자금과 관련 자문 등을 지원하는 역할을 한다.

'스타트업파크'와 '팁스타운'은 같은 궁동에 있고 무엇보다 기술창업 플랫폼이라는 동일 특성을 갖고 있어 상생협력을 할 수 있는 공간이다. 아울러 지역 9개 대학의 창업보육센터를 연결하는 기술창업 생태계를 만들어 세계 시장을 선도할 전진기지를 구축해 성공 신화를 써 내려갈 것으로 확신한다.

궁동의 밤이 바뀌기 시작한 것도 그 무렵이었다. 창업팀들은 피자 한 판을 사이에 두고 시장 진입 전략을 토론했고, 한쪽 벽에서는 새로 뽑은 회로가 불량인지 함께 머리를 맞대고 확인하는 모습도 보였다. 도시는 그렇게 달라졌다. 거창한 행사로 바뀌는 게 아니었다. 밤을 새우는 청년들이 많아질 때 그 도시의 미래는 새벽으로 간다.

기술과 사람이 서로를 배우는 공간

기술이 산업으로 가기 위해서는 반드시 사람이 필요하다. 그래서 나는 "대전의 지속가능성은 인재에게 달려 있다"는 생각을 정책의 앞자리에 두었다. 대전·세종·충남의 대학, 연구기관, 기업이 서로의 계획을 맞추고, 교육과 산업을 하나의 생태계로 묶는 일이다.

교육부가 '2021년 지자체·대학 협력기반 지역혁신 사업'을 공모했다. 우리 대전시와 세종시, 충남도가 지역에 소재한 충남대, 공주대 등 9개 대학과 공동으로 협력해 응모해서 선정됐다. 이른바 RISRegional Innovation System 사업이다.

지자체·대학·지역혁신기관 간 협력체계로 '대학의 혁신역량'을 집중적으로 지원 강화해 지역의 성장 발전에 역량을 펼칠 인재 양성체계를 구축하는 사업이다. 단순하게 인재를 양성하는 것이 아니라 협력과 상생, 개방과 참여, 성과와 지속가능성이라는 핵심 가치를 공유하고, 지역의 인재가 취업과 창업을 통해 지역경제와 산업경쟁력을 강화하여 100년 미래를 이끌 혁신도시를 만들어 가자는 취지다.

대전의 R&D 역량, 세종의 실증 기반, 충남의 제조업 인프라를 강점으로 삼아 미래 모빌리티 산업 거점으로서의 가능성에 집중했다. 바로 이런 것이 메가시티의 한 형태다.

매년 '대전·세종·충남DSC 공유대학'을 통해 인재를 양성하고, 배출된 혁신 인재가 모빌리티 분야에 취업할 수 있도록 했다.

연구 역량과 인재 양성에 뛰어난 대전은 충남을 통해 산업 측면을 보완했고, 스마트시티를 선도하고 있는 세종시와 만나 실증 서비스까지 함께 할 수 있게 됐다. 대한민국의 새로운 먹거리를 메가시티를 통해, 'DSC 공유대학'을 통해 충청권에서 만들 수 있게 되었다.

서로를 몰랐던 기관들이 하나의 목표를 공유하는 데에는 생각보다 많은 조율이 필요했다. 하지만 그 시간을 거치며 도시는 새로운 리듬을 얻었다. 대학생은 배운 지식을 기업의 문제 해결에 적용하며 성장했고, 기업은 적재적소에 맞는 인재를 만났고, 도시는 그 흐름이 만든 성장을 한눈에 볼 수 있었다. 배움이 지역 밖으로 빠져나가지 않고 다시 지역 산업에 스며드는 순환, 대전이 오래 바라온 장면이었다.

연구에서 혁신으로, 기술의 방향을 바꾸다.

대덕특구는 한국의 과학 기술을 키운 땅이다. 하지만 시간이 흐르며 특구도 새로운 질문 앞에 섰다. 연구와 산업의 거리를 어떻게 좁힐 것인가. 나는 그 해답을 '대덕특구 재창조'라는 이름의 긴 작업에서 찾았다.

'대덕특구 재창조' 사업은 민선 7기 공약사업이기도 했다. 정부는 2021년 4월 과학기술 관계 장관 회의를 열고 2023년 50주년을 앞두

고 있는 대덕특구를 세계적 혁신클러스터로 재도약시킨다는 의지를 밝혔다. 이를 위해 대덕특구 공간 활성화와 혁신 생태계 차원에서 새로운 방향성을 제시하는 '대덕특구 재창조 종합계획'을 확정했다. 이러한 종합계획은 나의 제안에 따른 것이었다. 2019년 초, 당시 문재인 대통령이 전국 경제투어 '대전의 꿈, 4차산업혁명 특별시' 행사를 위해 대전시청을 방문했을 때, 대전의 발전은 물론 대한민국 미래를 책임질 '대덕특구 재창조' 계획을 소개하고 범부처 차원의 지원을 요청한 바 있었다.

이 사업의 핵심은 카이스트와 연구소가 집적된 거리를 창업타운과 창업 거리로 조성하고, 1970년대 해외유치 과학자가 거주했던 역사적 공간인 공동관리아파트를 창의 혁신 공간으로 바꾸는 일이다. 아울러 특구 내에 첨단산업단지를 조성하는 한편, 1993년 대전엑스포 때 활용했던 첨단과학관을 '기업가정신박물관'으로 조성하는 것이다.

그중에서도 '마중물 플라자'는 상징적인 공간이었다. 연구자와 창업가가 각자의 언어를 낮추고 대화할 수 있는 곳, 기술을 개발한 사람이 시장과 사용자의 필요를 직접 듣고 기업은 연구자에게 기술의 잠재력을 확인하는 공간, 한 건물에 모여 있다는 사실만으로도 가능성이 달라지는 순간들이 있다. '마중물 플라자'는 그 가능성을 현실로 옮기는 첫 장치였다. 나는 대덕의 50년이 이곳에서 다시 50년을 향해 나아가길 바랐다.

제17주년 국가균형발전 선언 기념식
균형발전, 과학수도 대전이 선도하겠습니다.
대전광역시장 허태정

보스턴과 어깨를 나란히 하는 대전 바이오산업

대전은 정부출연연구기관의 연구개발R&D 역량을 바탕으로 지난 30여 년간 바이오 벤처창업 생태계가 자생적으로 형성된 '원천기술Deep Tech' 중심의 기술집약적 바이오클러스터로 성장해 왔다. 실제 한국생명공학연구원, LG생명과학 등에서 오랜 시간 연구 경험이 있고, 경쟁력 있는 기술을 보유한 연구원 출신의 분사 창업, 즉 '스핀오프Spin-off' 창업이 많은 곳이다. 또 대덕바이오커뮤니티, 혁신신약살롱, 바이오헬스케어협회 등 선후배 기업 간 자발적 네트워크를 구축해 활발한 정보교류가 이루어지는 '멘토-멘티 창업 생태계'도 형성하고 있다.

대전의 바이오산업은 타 도시가 넘볼 수 없는 산업이다. 대전이 배출한 바이오텍만 200여 곳에 달하고 상장 기업은 25곳을 넘어섰다. '알테오젠' 등 1세대 바이오텍은 국내 바이오 업계의 롤 모델이다. 신약개발 회사인 '알테오젠'은 대한민국 코스닥 시총 1위 기업으로 2025년 12월 현재 시가총액 29조원 가까이 된다. 주식회사 '리가켐바이오사이언스'는 항체 약물 복합체를 생산하는 바이오기업으로 시가총액 7조원이 넘는다. DNA 올리고oligonucleotide 화학합성 서비스와 내열성 DNA 중합효소 등 PCR에 사용되는 시약들을 국내 최초로 공급한 '바이오 벤처 1호' 기업인 '바이오니아'도 대전에 있다. 이 때문에 국제과학비즈니스벨트 내 바이오 거점 지구인 신동-둔곡지구 개발이 완료되면 대덕연구개발특구와 연계 바이오벤처 창업허브로서 국내를 넘어 글로벌로 진출하는 교두보가 될 것이다.

힘을 더 넓히기 위해 대전은 '바이오메디컬 규제자유특구' 지정을 건의해 선정되었다. 병원마다 따로 관리되던 '인체유래물은행'을 기업과 연구기관이 함께 공동으로 운영하기로 바꾸었다. 병원체자원 공용 연구시설의 백신·치료제 조기 개발 실증이 이뤄져 바이오기업 연구개발 비용 절감과 상용화 조기 검증, 개발제품의 신속한 시장 진입이 가능해졌다. 연구실의 시간과 기업의 시간을 같은 속도에 맞춘 첫 시도였다.

여기에 더해 '랩센트럴LAB CENTRAL' 구축을 준비했다. 미국 보스턴의 바이오클러스터 핵심 기관인 '랩센트럴'처럼 실험시설과 사무공간, 네트워킹 등을 제공해 대전의 바이오 분야 벤처·스타트업을 육성하는 일이다.

정부가 이 사업을 'K-바이오랩허브'이라는 이름으로 공모하는 바람에 국비를 유치하지는 못했다. 하지만 애초 구상한 대로 '대전바이오창업원'이라는 이름으로 '대전형 바이오랩허브'를 추진했다. 바이오벤처타운 인근의 한남대학교 부지에 조성해 입주단계부터 투자유치로 바로 연결될 수 있는 창업 특화 지원시스템을 갖추고, 바이오 창업자가 아이디어를 사업화할 수 있도록 했다.

실험실을 넘어 창업과 투자, 실증과 사업화까지 하나의 흐름으로 이어지는 공간, 기술을 가진 연구자가 창업의 문턱에서 멈추지 않도록 도시가 대신 징검다리를 놓아주는 구조, 바이오창업원은 대전이 축적해 온 연구의 시간을 미래 산업으로 옮겨주는 통로이다.

K-바이오 랩허브 위치도
BIO

결국은 펀드다

바이오 등 신산업 창업을 지원하는 데는 여러 하드웨어가 필수적이다. 나는 이를 위해 '마중물프라자' 설립과 '대전바이오창업원' 설립을 구상했고 '바이오메디컬 규제자유특구'를 추진했다. 하지만 하드웨어만으로는 충분치 않다. 이를 운용하고 창업과 성장을 지원하기 위해서는 자금이 필요하다. 이른바 '캐피털capital'이다.

많은 기술창업이 마지막 고비에서 멈춰 서는 이유도 바로 이 '마지막 한 걸음' 때문이다. 그래서 나는 대전형 뉴딜펀드를 구상했다. AI, 반도체, 바이오, 미래차, 대전이 가진 기술 기반을 중심으로 도시가 미래 산업을 직접 응원하는 방식이다. 기술을 가진 사람에게 기회를 열고, 그 기회가 기업을 키우고, 기업이 다시 도시를 성장시키는 것, 그 흐름이 이어져야 대전이 기술 중심 도시에서 미래 산업 도시로 넘어갈 수 있다.

초기 구상이 구체화된 것은 2021년 봄이었다. 고민에 대한 해답으로 '대전형 뉴딜펀드 조성'이라는 계획을 도출했다. 미래 새로운 먹거리 창출을 위해 신산업 분야의 창업과 성장이 필요하며 이를 지원하기 위해서는 적어도 1조 원 규모의 펀드가 조성되어야 한다는 계획이었다. 첫해에 2000억 원으로 시작해 지역 내 유망창업기업과 벤처기업에 집중 투자해 침체된 지역경제를 되살려 보겠다고 생각했다. 이를 위해 관련 조례를 개정해 대전시 중소기업육성기금에서 펀드 조성을 위한 출자를 할 수 있도록 했다. 당시 대전시는 국비와 민간 자본을 포함하여 총 6294억원 규모의 16개 펀드를 결성해 투자 중이었고, 그 동안 대전지역 136개 사에서 1402억 원을 펀딩받아 창업 성장을 지원해 오고 있었다.

돌아보면 대전과 대덕은 늘 서로에게 기댔다. 대덕의 연구는 대전을 움직였고, 대전의 품은 대덕의 기술을 키웠다. 연구실의 새벽 불빛과 도시의 낮은 골목, 두 풍경은 멀리 떨어져 있는 듯 보이지만 결국 같은 도시의 두 얼굴이었다.

나는 그 두 흐름을 하나의 길로 잇고 싶었다. 기술은 사람에게 닿고, 사람은 기술이 열어줄 미래를 두려워하지 않는다. 대전은 그런 도시가 될 자격이 있다.

허태정의

결심

사회복지 '더 더 더'

촘촘한 대전형 돌봄체계 구축

대전형 돌봄체계를 만들겠다는 마음은 먼 데서 오지 않았다. 내 삶 깊은 곳에서 천천히, 그러나 분명하게 피어오른 감정이었다. 젊은 나이에 세상을 떠난 처남, 중증 장애로 평생을 버텨낸 그는 우리 가족에게 '돌봄'이라는 단어를 하나의 일상으로 만들어 준 사람이었다. 결혼 후 7년 동안 함께 살며, 아내와 아이들이 온몸으로 겪어낸 순간들을 떠올리면 지금도 가슴 안쪽이 저며온다. 돌봄은 누군가의 손에만 맡겨

둘 수 있는 일이 아니라, 그 집의 공기와 시간 모두를 바꾸어 놓는 일이다. 그때 알았다, 이 일은 한 가족이 감당할 일이 아니라는 것을 ….

노자는 『도덕경道德經』에서 "하늘의 그물은 성기지만 빠뜨리지 않는다"고 했다. 나는 이 문장을 복지에 곧장 가져오고 싶었다. 사회가 놓친 틈, 가족이 감당하지 못한 틈, 그 사이 어디에도 사람이 빠지지 않도록 하는 것, 그게 도시가 지향해야 할 돌봄이라고 믿었다.

대전지역 사회 구성원 누구도 소외되지 않고 촘촘한 사회안전망 속에서 복지를 누리며 살아야 한다는 뜻이다. 그래서 4년간 대전시정을 이끌며 복지만큼은 촘촘한 대전형 돌봄체계를 구축하려고 노력했다. 하지만 행정만으로는 충족하기 어렵다. 지역사회연대, 공동체 기능 강화로 돌봄 책임 도시를 구현하겠다고 생각했다.

그중 첫걸음이 2022년부터 시행한 '대전형 양육기본수당'이다. 만 3세 미만 아이를 키우는 부모라면 소득도 자녀 순서도 묻지 않고 매달 30만 원을 지원했다. 아이를 키우는 과정이 특정 집단의 부담으로만 남아서는 안 된다는 판단이었다.

대전에서 태어나 3년 이상 자란 아이 기준으로 최대 1080만 원을 받을 수 있고, 첫만남이용권·영아수당·아동수당까지 더하면 출생 시 200만 원과 함께 매월 약 70만 원을 지원받는다. 초기 양육의 막막함을 조금이라도 덜어주기 위한 선택이었다. 대신, 중복 지원되던 출산장려금과 셋째 이상 양육지원금은 정리했다. 더 넓은 지점을 보려면 불필요한 겹침은 과감히 비워내야 한다고 생각했다.

돌봄 체계도 자연스레 다음 과제가 되었다. 무엇보다 '돌봄 정보를 찾는 일'부터 쉽게 할 수 있어야 했다. 그래서 아이돌봄 원스톱 시스템을 만들었고, 행안부 공모사업에 선정된 '손오공' 사업과 연계해 선화동 D-스테이션 3층에 '다함께돌봄 원스톱통합지원센터'를 열었다. 여기서는 마을 돌봄센터, 공동육아 나눔터, 육아카페 등 곳곳의 정보를 하나로 묶었다. 돌봄의 지도를 도시 안에 그려 넣는 일, 그것이 이 센터의 역할이다. 맘코치 양성이나 배달강좌 같은 세부 프로그램은 돌봄이 '정책'이 아니라 '생활'로 스며들도록 만든 장치다.

대전대학교 산학협력단이 운영하며 만든 '거점온돌방'은 특히 의미가 깊다. 지역 주민이 직접 참여해 아이를 돌보고, 돌봄공동체 7곳을 공모해 운영하면서 서로의 일상을 조금씩 나누었다. 맞벌이 부모들이 겪어온 초등 돌봄 공백과 믿고 맡길 곳의 부족은 늘 현장에서 들리던 절박한 이야기였다. 돌봄은 결국 사람이 하는 일이라는 중요한 사실을 다시 확인시켜 주었다.

0세 영아 전용 국공립어린이집 설립도 그 연장선에 있었다. 생후 3개월부터 18개월까지의 아이는 한순간도 방심할 수 없다. 교사 1명이 0세아 2명, 1세아 3명을 돌보는 구조를 갖추어 아이에게는 안정감을, 교사에게는 숨 고를 틈을 마련해주고자 했다. '대전어린이장난감도서관'에서는 장난감 대여와 놀이체험, 시간제 보육까지 한 자리에서 해결할 수 있었다. 특히 전국 최초로 마련한 '감각통합장난감' 공간은 발달이 조금 더딘 아이들에게 꼭 필요한 세심한 돌봄의 손길이다.

코로나19로 운영이 흔들린 어린이집의 정원 충족률을 높이기 위해 반별 운영비를 지원하고 보육교사 마음건강지원수당·장애아 전담 인력·대체조리원 파견 등 보육 현장 곳곳을 함께 살폈다. 돌봄에서 가장 큰 힘이 되어야 할 사람들을 지키는 일은 돌봄 체계의 지속 가능성을 지키는 일이기도 했다.

노인 돌봄에서도 방향은 같다. 고령화와 핵가족화로 홀로 사는 어르신이 늘어나며 우리 사회는 새로운 질문을 마주하게 됐다. “사람은 어디에서 마지막을 맞고 싶은가?” 조사 결과에 따르면 어르신의 57.6%가 “현재 사는 곳에서 생을 마감하고 싶다”고 답했다. 그러나 현실은 달랐다. 그 간극을 메우기 위해 지역사회 통합돌봄을 본격 도입했다. 집에서 요양·의료·돌봄을 한 번에 받을 수 있도록 주거와 서비스를 통합한 것이다. 이는 ‘병원과 시설에서 재가와 지역사회로, 공급자에서 이용자 중심으로’ 돌봄의 방향을 바꾸는 전환점이다.

이 정책의 원형은 유성구청장 시절 시작한 ‘행복그물망’이었다. 학교, 공공기관, 기업이 힘을 모아 독거 어르신과 결연을 맺고 물품 지원, 사례관리, 의료지원까지 이어가던 구조였다. 행정이 닿지 못하는 틈을 지역이 함께 메워주던 소중한 경험이었다. 그 경험 덕분에 대전형 돌봄체계도 흔들림 없이 추진할 수 있었다.

돌봄은 예산을 쓰는 기술이 아니라 사람을 바라보는 철학이다. 누군가를 빠뜨리지 않겠다는 다짐, 보이지 않는 틈까지 살피겠다는 의지, 멀리서 보면 성긴 것처럼 보이지만 가까이 다가가면 서로 얽히고설켜 있는 하늘의 그물처럼 대전의 돌봄도 그렇게 완성하고 싶었다. 서로를 붙잡아주는 힘, 그 힘이 도시의 품격을 결정한다고 믿었다.

공동체 중심 사회적 경제 생태계 조성

어린 시절 살던 고향마을에는 누가 말을 꺼내지도 않아도 자연스레 굴러가는 일이 있었다. 논매기가 한창일 때는 서로의 들판을 오가며 품을 나누었고, 집안에 안타까운 일이 생기면 마을 전체가 발걸음을 보태 장례를 치렀다. 돈이 많은 집도, 손이 부족한 집도 있었지만 누구도 외롭게 일을 치르지 않았다. 그 시절 마을은 서로에게 기대어 사는 법을 알고 있었다.

돌아보면 그것이 지금 우리가 말하는 '사회적경제'의 오래된 형태다. 두레와 품앗이, 계처럼 자연스럽게 이어져 온 생활 방식, 마을이 하나의 몸처럼 움직이고, 누군가가 흔들리면 그 흔들림을 온 마을이 받쳐 안는 방식이다. 문제를 혼자 품지 않고 함께 머리를 맞대고, 함께 손을 내밀어 해결하는 삶의 지혜였다.

오늘날 사회적경제가 다시 주목받는 이유도 다르지 않다. 소외, 실업, 의료, 환경 같은 복잡한 문제들은 더 이상 어느 한 기관이나 한 개인이 해결할 수 있는 분야가 아니다. 시민들이 자발적으로 연대하고 지역의 힘을 모아 지속 가능한 방식을 찾아가는 과정, 이윤만을 추구하는 경제가 아니라, 사람들의 삶을 함께 끌어올리는 경제, 한 사람을 돕는 일이 결국 여러 사람을 지켜주는 일임을 고향마을에서 이미 보았다.

정치를 시작하면서 나는 그 오래된 기억을 자주 떠올렸다. 취약한 이웃을 경제적으로 다시 설 수 있게 돕고, 좋은 일자리와 필요한 사회서비스를 제공하는 일은 단순한 복지정책 이상이다. 사회를 다시 연결하는 일이기도 하다. 시장으로 재임하던 동안 사회적경제 기업 육성에 힘을 기울였고, 2018년 취임 당시 704개였던 사회적경제기업은 2022년 퇴임 무렵 1157개로 늘어났다. 늘어난 숫자만큼이나 누군가의 삶도 조금씩 넓어졌기를 바랐다.

2020년 산업통상자원부의 '사회적경제혁신타운' 조성 공모와 선정도 그 흐름의 연장선에 있었다. 대전이 가진 과학기술의 기반을 사회적경제에 접목해 보자고 생각했다. '통합과 혁신, 성장과 포용'을 큰 축으로 세우고, 당사자조직과 중간 지원 조직의 의견을 모았다. 사회

사회적경제박람회 성공개최해요 〈출처 : 뉴시스 2019년 6월 26일〉

적경제 기업의 전 주기 성장을 돕는 플랫폼 역할이다. 창업부터 성장, 고도화까지 기업이 부딪히는 문제를 한곳에서 풀어주는 구조다. 대덕특구의 고경력 은퇴 과학자들이 기술이전과 사업화를 지원하는 모델, 지역 의료·바이오 기업 육성, 스마트팜 기술교육을 통한 미래 농업 창업 지원, 그리고 시민이 참여하는 리빙랩Living Lab 운영까지 사회 문제 해결 방식을 시민과 기업이 함께 찾아가는 구조를 만들고자 했다.

'사회적경제혁신타운' 조성은 동구 가양동 옛 보건환경연구원 부지에 지하1층, 지상 4층으로 건축했다. 2022년 3월 28일 나와 박진규 산업통상자원부 차관이 참석한 가운데 기공식을 열었다. 그 자리에서 오래전 고향마을에서 사람들이 함께 땅을 갈던 장면이 떠올랐다. 새로운 공간도 결국 같은 마음으로 세워지길 바랐다. 이후 또 다른 착공식이 열렸다는 이야기를 들었다. 이름이 무엇이든 시작을 위해 쏟아부은 노력의 의미만은 흐려지지 않길 바란다.

건축은 2년여가 늦은 2025년 3월에 마무리됐다. 이 공간이 제 역할을 다하여 사회적경제의 중심축으로 움직이고, 지역의 삶을 더 든든하게 받쳐주는 발판이 되기를, 누군가의 문제를 누군가의 몫으로만 두지 않는 공간이 되기를 기원한다. 고향마을에서는 누군가가 힘들 때 자연스레 사람들이 모였다. 그 순간의 온기가 지금의 도시에서도 이어질 수 있다면 사회적경제는 제자리를 찾게 될 것이다.

시민이 주인인 마을자치 실현

사회적경제와 공동체는 마치 서로를 비추는 거울과 같다. 한쪽이 움직이면 다른 쪽도 흔들리고, 한쪽이 살아나면 다른 쪽도 숨을 쉬기 시작한다. 이 둘은 따로 존재할 수 없다. 사람이 모여 사는 곳이라면 어디든 서로 기대며 살아야 하기 때문이다. 민선 7기 대전시장으로 취임하며 나는 도시의 이름 앞에 한 문장을 내걸었다.

"새로운 대전, 시민의 힘으로"

이 말 속에는 거창한 계획보다도 "시민이 주인이어야 도시가 바뀐다"는 믿음이 담겨 있다. 정책의 방향을 권력 중심이 아니라 마을 중심으로 옮겨 놓고 단단한 사회서비스 기반을 시민 스스로 만들어가길 바랐다. 도시의 미래를 위에서 설계하는 것이 아니라 아래에서부터 천천히 길을 여는 방식이다.

그 의지를 가장 먼저 행동으로 옮긴 일이 2019년 전국 최초로 '시민공동체국'을 신설한 일이다. 행정의 틀로는 해낼 수 없던 것들을 이 조직은 과감히 다뤘다. 시민이 정책의 객체가 아닌 주체로 자리 잡는 실험이다. 마을이 스스로 자신을 이해하고, 스스로의 손으로 문제를 해결하는 길을 연 것이다. 그 중심에 '공동체 마을계획수립지원 사업'이 있었다.

"우리는 지금 무엇이 부족한가?"
"어떤 모습으로 살고 싶은가?"

그 질문에 답하기 위해 주민들은 회의에 모였고, 아이와 어른이 같은 자리에서 문제를 찾고 해법을 찾아갔다. 119개의 마을계획이 그렇게 만들어졌다. 책상 위에서 쓰인 계획이 아니라 발로 걸어 다니며 찾은 계획이었다.

서구 도마1동은 시장과 상권을 살리기 위해 주차 문제를 가장 먼저 해결해야 한다고 판단했다. 그 결정 뒤에는 "마을이 살아야 사람이 떠나지 않는다"는 주민들의 확신이 있었다. 동구 산내동은 노후 건물과 빈집, 마을농산물 판매, 원주민과 이주민 간의 관계 같은 문제들을 스스로 정리했다. 선정된 의제는 사안에 따라 2000만 원 범위의 주민참여예산이나 마을공동체 사업으로 연계해 실제 해결에 나섰다. 마을이 직접 쓴 처방이었기에 해결 과정도 생생했다.

여기에서 한 발 더 나아간 것이 '마을 리빙랩Living Lab'이었다. 말 그대로 마을을 실험실로 삼은 프로젝트였다. 문제를 찾는 데서 멈추지 않고 해결 방안까지 주민이 직접 만들어 가는 과정이다.

우리나라 최초로 시행된 시민 참여 리빙랩 '건너유 프로젝트'는 대전이 어떻게 마을의 역량을 현실로 연결하는지 보여준 사례였다. 최종 11곳이 선정되었고 규모에 따라 3000만 원에서 1억 원까지 지원했다.

여기에는 주민뿐 아니라 행정기관, 전문가, 메이커, 연구원 등 다양한 손길이 함께했다. 마을은 문제를 제시하고, 전문가는 조언을 더하며, 메이커와 연구원은 실험을 도왔다. 행정은 필요한 부분을 지원하며 뒤에서 받쳐주었다.

서구 만년동은 어둡던 황톳길을 IoT 기술로 안전한 산책로로 바꿔보는 실험을 했다. 동구 삼성동은 단독주택 밀집 지역의 주차 문제를, 서구 도마1동은 재래시장과 주택가에서 쏟아지는 쓰레기 문제를 해결하려 했다. 유성구 신성동은 아이들과 청소년이 직접 '동네 놀이터'를 만들었고, 대덕구 석봉동은 신탄진 5일장 주변의 주차 혼잡을 풀기 위한 실험을 진행했다.

모두 성공해야만 가치가 있는 실험이 아니다. 시행착오를 겪으면서 주민이 정책의 언어를 직접 익히는 과정 자체가 큰 의미였다. 이 경험이 이후 주민참여예산제를 더 성숙하게 만드는 밑거름이 되었다. 마을의 문제를 가장 잘 아는 사람은 그곳을 살아가는 주민이라는 사실을 이 과정을 통해 모두가 몸으로 배웠다.

동네 곳곳에 생겨난 마을사랑방도 공동체를 다시 세우는 데 큰 힘이 됐다. 마을카페, 공유부엌, 공동육아, 청소년 공부방 …. 서로 다른 35개의 시민 공유 공간이 생겼고, 각 공간은 동네의 성격만큼이나 다양한 삶의 이야기를 품어냈다. 서구 내동의 '내동네 부엌'은 특히 인상적이었다. 1인 가구가 많은 노후 동네에서 식사를 혼자 해결하던 사람들이 모여 함께 밥을 지어 먹기 시작했다. '삼식이 눈치는 이제 그만', '밭

꽃 밥꽃', '세대 융합 요리' 같은 프로그램들은 음식을 나누는 일이 관계를 잇는 일로 이어진다는 것을 보여주었다.

마을미디어 활성화도 빠질 수 없다. 풀뿌리 민주주의는 말과 기록에서 시작된다. 그래서 2019년 '대전시 마을공동체미디어 활성화 및 지원조례'를 제정했고, 단계별로 주민 미디어를 지원했다. 마을은 스스로의 목소리를 가질 때 비로소 공동체가 된다. 그 목소리는 누군가를 견제하기 위한 소리가 아니라, 스스로의 삶을 지키기 위한 울림이다.

서로를 돌보고 서로를 살피고 서로를 지켜주는 도시, 그것이 내가 꿈꾼 대전의 모습이었다. 시민공동체국과 청년가족국, 성인지정책담당관이 사라졌다는 소식을 들었을 때 마음 한쪽이 흔들렸다. 하지만 형태가 바뀌어도 공동체를 향한 시민들의 마음까지 사라지는 것은 아니다. 마을은 행정이 만드는 것이 아니라 사람들의 삶이 쌓여 만들어진다.

청년이 행복한 청년 친화도시

대전에 사는 만 20~39세 청년은 2025년 9월 기준 39만 3380명이다. 겉으로 보면 큰 수처럼 보이지만 최근 5년 동안 해마다 평균 7300명씩 떠났고, 2024년 12월에는 40만 명 선이 무너졌다. 숫자가 줄어드는 속도보다 더 마음을 아프게 한 건 이유였다. 타 지역으로 옮겨간 청년들에게 떠난 까닭을 물었을 때 42.9%가 '직업'이라고 답했다. 사람의 발걸음이 가장 솔직하게 향하는 쪽은 늘 삶의 기회가 있는 쪽이다. 도시는 그 대답 앞에서 무엇을 말할 수 있을까.

대전시가 발표한 '2025년 일자리 대책 세부계획'을 보면, 2022년 67.9%였던 고용률은 2024년 67.2%로 떨어졌다. 고용률 하락의 가장 큰 축은 청년이다. 2022년 48.0%이던 15~29세 청년 고용률이 2024년 43.4%로 4.6%포인트나 낮아졌다. 일자리가 줄어들고 고용률도 함께 떨어지는 이중 하강 곡선을 지켜보는 일은 참으로 무겁다.

이런 상황에서 청년이 대전을 떠나는 선택을 비난할 수 없다. 도시가 먼저 등을 보인 건 아닌지 되돌아보게 된다. 청년 고용률이 낮아지는 이유는 분명하다. 일자리 자체가 부족하고, 그중에서도 청년이 선호하는 자리들은 더욱 좁은 문이다.

2024년 기준, 청년들이 선호하는 경영·행정·사무직 일자리는 6300여 개였지만, 그 자리를 두고 경쟁하는 청년은 2만 6000명 4배가 넘

는 쏠림은 선택의 문제가 아니라 구조의 문제를 말하고 있다. 일자리의 양과 질을 동시에 늘려야 한다는 사실이 명확해졌다. 나는 민선 7기 취임 직후부터 이 문제를 도시의 최우선 과제로 두었다. 일자리의 씨앗이 되는 혁신창업 생태계를 만들고, 대덕특구와 원도심에 특성화된 스타트업을 육성해 대전을 '4차산업혁명특별시'로 만들겠다는 계획을 세웠다. 청년이 남는 도시가 아니라 청년이 모여드는 도시를 그려보고 싶었다.

'청년취업희망카드'는 그런 고민에서 나온 제도였다. 취업에 성공하지 못한 청년에게 매달 50만 원씩 6개월간 최대 300만 원을 지원했다. 졸업 후 2년이 지나면 정부 정책 대상에서 자연스럽게 밀려나는 사각지대를 보완하고자 '졸업 후 2년 경과자'를 포함시켰다. 현실의 틈을 그대로 두지 않겠다는 뜻이었다. 1만 2042명이 '청년취업희망카드'를 받았고, 그 가운데 약 15%가 지원기간 내 취업에 성공했다. 숫자보다 더 중요한 것은 '포기하지 않도록 옆에서 받쳐주는 손'이 생겼다는 점이었다.

청년 취업 문제는 어느 도시에서나 숙제일 것이다. 하지만 정말 청년의 삶에 닿는 정책을 내놓고 있는지의 문제는 또 다른 차원의 질문이다. 그 질문 끝에서 나온 또 하나의 정책이 '청년희망통장'이었다. 매달 15만 원을 저축하면 시가 같은 금액을 더해 3년 뒤에는 이자를 포함해 1000만 원이 넘는 목돈을 만들 수 있는 제도다. 희망이란 작은 불씨도 장작이 있어야 타오를 수 있다. 2250명의 청년이 이 제도에 참여했다는 사실은 이 마중물이 얼마나 필요했는지 말해준다.

다음으로 풀어야 할 숙제는 주거이다. 세종시로 이동한 인구의 40%가 대전시민이었다는 사실은 청년의 이주가 '일자리' 때문만은 아니라는 사실을 말해준다. 어디에 머물 수 있는가, 어디에 뿌리내릴 수 있는가라는 두 질문이 지난 몇 년 동안 청년들의 마음속에 무겁게 내려앉았을 것이다. 그래서 2030년까지 청년·신혼부부를 위한 청년주택을 지속적으로 공급하겠다는 계획을 세웠다. 유성구 구암동 유성복합터미널 부지의 '구암 다가온' 425호의 첫 설계는 그렇게 시작되었다. 이어

신탄진동행정복지센터 자리에 237호 '신탄진 다가온', 동구 낭월동에 162호 '낭월 다가온'을 잇따라 추진했다. 좁고 품질이 낮을 것이라는 선입견을 깨기 위해 신혼부부도 아이를 키울 수 있을 만큼 넓게 짓고 자재도 아끼지 않았다. '값싼 임대'가 아니라 '삶을 품을 집'을 만들고자 한 시도였다. 이 집들은 한 세대의 미래가 깃드는 자리다.

청년 근로자 기숙사 '대전청년하우스'는 그와는 다른 방식의 해법이었다. 유성구 도룡동 외국인 유학생 기숙사 누리관은 노후되어 공실률이 32%에 이르렀고, 동시에 지역 청년 근로자들의 주거 여건은 열악했다. 두 문제를 한 번의 선택으로 풀기 위해 2018년 취임 직후 누리관을 리모델링해 청년 근로자 기숙사로 전환했다. 가구와 생활가전을 갖춘 객실, 공유라운지, 커뮤니티 공간, 그리고 창밖으로 내려다보이는 대전엑스포의 풍경까지 주거는 단순히 잠을 자는 공간이 아니라 삶의 숨을 고르는 곳이라는 생각에서 출발한 작업이었다. 주거의 문을 닫아걸고 잠든 채 버티던 청년의 삶에 작은 불빛 하나가 켜졌다.

청년정책의 콘트롤타워를 만들기 위해 설계한 '청년내일센터'도 그런 맥락이었다. 대전역 지하 1층 청춘나들목에 만들어진 이 공간은 흩어진 정책과 정보를 한곳으로 모으고, 신청부터 선정까지 원스톱으로 지원하도록 했다. 코로나 이후 고립된 청년들의 관계 회복을 위해 마음 건강 상담을 포함한 사회적 안전망도 갖추었다. 청년이 스스로의 내일을 설계할 수 있는 공간 그것이 '청년내일센터'가 가지려던 본래의 얼굴이었다.

‘청년의 숲’ 사업 역시 그 흐름에 있었다. 청년이 스스로 네트워크를 만들고 지역사회와 연결되도록 한 사업이다. 임기 동안 226개 팀이 이 사업을 통해 지원받았다. 도시에 이런 ‘청년의 숲’이 있다는 사실은 대전이 여전히 젊음을 지닐 수 있다는 가장 명확한 증거였다. 26곳의 청년공간 사업도 같은 마음에서 추진한 정책이다. 이 공간들은 단순히 방을 빌려주는 곳이 아니라, 청년들이 서로 연결되고 도시와 이어지는 작은 다리였다.

나는 일자리와 설자리, 놀자리, 잠자리, 이 네 축을 단단히 세워 청년이 머물고 몰려들 수 있는 도시를 만들고자 했다. 청년이 행복해야 도시의 미래도 행복하다는 믿음이 있었기 때문이다. 그 노력의 결과일까, 2019년 대전시는 국회 사무처 소관 (사)청년과미래가 주관하는 17개 광역자치단체 청년 친화도 평가에서 종합대상을 받았다. 상 하나가 모든 것을 말해주지는 않지만 적어도 나아가던 방향이 크게 잘못되지는 않았다는 작은 증표처럼 느껴졌다.

청년 문제는 특정 세대만의 논의가 아니다. 한 도시가 얼마나 오래 버틸 수 있는가를 결정하는 문제다. 그래서 나는 앞으로도 청년과 함께 젊은 대전의 내일을 다시 세워 나가고자 한다. 청년이 떠나지 않는 도시, 청년이 돌아오고 싶은 도시가 내가 꿈꾸는 대전이다.

시립의료원 건립으로 공공의료서비스 기반 확충

도시는 위기를 만나야 비로소 자신의 민낯을 본다. 대전의 민낯은 공공의료였다. 코로나19가 도시를 덮어버린 그때 우리는 알았다. 병원이라는 시설이 아니라 누구를 지킬 것인가 하는 가치가 먼저 서 있어야 한다는 것을…. 누군가 책임지고 서 있어야 하는 자리가 있다. 공공의료란 바로 그 자리를 지키는 일이다. 도시는 이 자리를 잃는 순간 시민에게 약속했던 많은 것들을 함께 잃는다. 나는 그 사실을 코로나19 속에서 뼈저리게 느꼈다.

당시 대전에는 충남대병원이 1300여 병상을 갖춘 거점병원으로 버티고 있었다. 그러나 팬데믹 속에서 금세 한계에 다다랐다. 감압병실은 부족했고 일반병실은 기존 환자들로 가득 찼다. 민간 병원들은 감염병 환자를 받는 순간 생기는 공실과 손실을 감당하기 어려웠다. 도시 전체가 병상 하나를 두고 실랑이를 벌이던 시기였다. 그 혼란 속에서 나는 결론을 얻었다.

"대전은, 대전을 지킬 병원을 가져야 한다."

도시의 가장 깊은 곳에 돈으로 환산할 수 없는 마지막 방어선을 세워야 한다는 확신이었다. 나는 코로나19 이전부터 시립의료원 설립을 공약으로 내걸었다. 시민의 의료복지 기본권을 세우기 위한 일, 어린아이부터 노인에 이르기까지 생애 전반의 공공의료서비스를 확충하

는 일이다. 그러나 문제는 늘 '예타'였다. 대전시는 여러 번 그 산 앞에서 멈춰 섰다.

나는 추진위원회를 꾸리고, 충남대병원과 대전시의사회, 그리고 민간 전문가들과 함께 한국개발연구원KDI이 문제 삼은 BC 지표를 하나하나 다시 분석했다. 보건복지부·국립중앙의료원·한국보건산업진흥원과 힘을 합쳐 자료를 재구성했고, 국무총리·장관·국회의장까지 찾아가 "이 병원은 대전을 지키는 방파제"라 말했다.

그리고 코로나19가 터졌다. 그 후의 말들은 불필요했다. 시립의료원의 필요성은 통계도, 보고서도 아닌 '현실'이 직접 말해주었다. 2020년 말 정부는 대전의료원 예타를 면제했다. 150만 시민이 25년간 기다린 결정이었다. 그동안 각종 시민단체, 지역 정치권, 5개 구청이 힘을 모아 쌓아온 마음들이 드디어 하나의 문을 열었다.

나는 사업 방식을 다시 정리했다. 원래는 민간투자BTL 방식이었지만, 공공의료의 본질은 '수익'이 아니라 '책임'이기에 재정사업으로 전환했다. 그 편이 공공의료의 취지에도 맞고, 정부의 감염병 전담병원 관련 지원도 가능했다. 부지는 동구 용운동 선량지구, 규모는 319병상, 준공 목표는 2026년이다.

설계 안에는 도시의 철학이 담겼다. 8개 전문센터와 19개 진료과, 258개 병상은 간호·간병통합서비스로 운영해 필수의료의 질을 높이고 재난이 닥치면 전담병원으로 즉시 전환해 대전을 지키는 콘트롤타워가 되는 것이다. 물론 일부에서는 적자를 걱정했다. 전국 34개 공공의료원 중 18개가 연간 11억 원 정도 적자를 기록하는 구조였기 때문이다. 하지만 공공병원은 흑자를 내기 위한 병원이 아니다. 도시가 시민에게 어떤 태도로 존재할 것인지 보여주는 상징이다.

"우리는 당신을 혼자 두지 않겠다."

그 마음이 내가 대전에 남기고 싶었던 공공의료의 미래였다.

공동체의 약속 '공공어린이재활병원'

'공공어린이재활병원'을 유치하던 시간은 내게 한 도시의 품격이 어디에서 결정되는지 묻는 긴 여정이었다. 장애 아이들의 시간이 멈추지 않게, 부모의 하루가 끝내 무너지지 않게, 대전 안에 아직 놓이지 않은 길 하나를 만들고 싶었다. 정책이 아니라 사람의 문제였다. 행정이 아니라 삶의 온기였다. 아이와 부모가 하루를 버티기 위해 붙잡고 살아가는 그 마지막 끈 하나를 어느 날 문득 사회가 놓아버리지 않게 하려는 마음에서 시작된 일이었다.

그 마음을 흔든 건 공사비도 아니었고 행정 절차도 아니었다. 뜻밖에도 '언어'였다. '2018년 충남권역 공공어린이재활병원 건립 사업계획서'에 담긴 "대전에 공공어린이재활병원이 세워진다면, 그 운영의 부족분을 시가 적극 책임지겠다"는 내용이었다. 병원이 문만 열어두고 버티는 일이 없도록, 공공성이 흔들리지 않도록 하겠다는 다짐이었다. 그런데 이 문장이 한 언론의 손을 거치며 '대전시는 국비를 받지 않겠다'로 변해 있었다. 마치 대전시가 정부의 지원을 스스로 걷어차고, 만성 적자를 감수하겠다는 듯한 문장으로 둔갑한 것이다.

여기서 나는 오래된 고사성어 하나를 떠올렸다. 회수 이남의 귤이 북쪽으로 옮겨가면 탱자가 된다는 남귤북지 같은 씨앗도 어떤 환경에 놓이느냐에 따라 전혀 다른 열매가 된다는 뜻이다. 본래의 의미는 온데간데 없고, 다르게 포장된 문장이 생뚱맞은 과실처럼 세상에 매달려

어린이와 부모님께
희망과 믿음을 주는
공공어린이재활병원을
만들겠습니다.
대전광역시장
허태정

있었다. 보도는 더 나아가 "민선 7기 대전시가 운영 적자를 알고도 국비 지원을 포기했다"고까지 했다. 그러나 그 어디에도 대전시가 국비를 포기한다는 문구는 없다.

"공모사업 외 추가 비용에 대해 적극적으로 시비를 투입하겠다."

대전시가 제출한 단 한 줄의 확약서이다.

부족한 부분을 책임지겠다는 의지가 어느 순간 '국비를 거부한 각서'로 둔갑한 것이다. '공공어린이재활병원'은 충남·충북·세종·전국 곳곳의 아이들이 찾아오는 기관이다. 정부가 최초로 설립한 '공공어린이재활병원'이자 전국 진료를 맡는 첫 병원이다. 그러나 정부로서도 적자를 감당해야 하는 구조라 쉽게 짓기 어려운 병원이다. 그래서 대전이 먼저 책임을 안겠다고 한 것이다. '지방정부도 함께 짊어지겠다'는 책임의 문장이 왜곡돼 돌아왔다는 사실이 참담하면서도 씁쓸했다.

이 일에서 드러난 문제는 '재정 자치'의 부재다. 국비 8, 지방비 2라는 구조 속에서 지방정부는 재정 운영권을 거의 갖지 못한다. 중앙의 틀 안에서 움직여야만 하는 현실에 어떤 공공사업이든 지방의 의지가 왜곡되기 쉽고, 그 왜곡이 곧 정책의 신뢰를 흔든다.

'공공어린이재활병원'은 처음부터 대전이 제안한 사업이었다. '토닥토닥' 김동석 이사장이 오래전부터 추진해 온 꿈이었고, 2017년 대선 때 문재인 후보의 공약으로 채택되면서 대전발發 정책이 국가정책으로 확장된 상징적 사례였다. 예산은 200억 원에서 400억 원으로 늘었고 규모도 단순 재활센터가 아니라 진단·치료·장기입원·심리·교육까지 담아내야 하는 종합 복지공간으로 확장되었다. 그러니 예산이 늘어난 것은 필연이었다. 아이의 몸과 시간은 타협할 수 없기 때문이다.

2025년 7월 30일, 열악한 처우와 인력 부족을 호소하며 직원들이 파업을 했다. 2년 남짓한 기간 동안 34명이 떠났고, 주말 진료가 불가능해 '월요일 입원·금요일 퇴원'이 반복되는 현실은 아이와 부모에게는 말로 할 수 없는 고통이다. 그 현장을 보면서 애써 만든 공간이 정치와 행정의 우선순위에서 밀릴 때 그 충격은 가장 연약한 존재에게 돌아간다는 사실이 아프게 와닿았다.

어린이재활병원은 건물이 아니다. 한 인간의 삶을 포기하지 않겠다는 공동체의 약속이다. 그리고 그 약속은 몇 줄의 예산보다, 몇몇의 해석보다 훨씬 더 중요한 가치다. 적은 예산으로도 수많은 생명을 품어왔던 이 병원이 예산 부족으로 흔들린다는 사실은 나를 우울하게 한다.

축제 예산의 일부만이라도 이곳으로 향했다면 아이의 한 주가 달라졌을까. 어느 부모의 밤이 조금 덜 무너졌을까. 도시의 선택이 어디를 향해야 하는지 그 질문 앞에서 마음이 오래 머물렀다. 공공어린이재활병원은 도시가 누구를 먼저 품는가에 대한 가장 조용하지만 가장 단단한 대답이었다. 그 대답이 다시 흔들리지 않기를 바란다. 아이 한 명의 내일이 도시 전체의 품격을 말해주기 때문이다.

치매환자와 가족에게 안심이 되는 공간

우리 모두는 언젠가 누군가의 이름을 잊고, 누군가는 우리의 이름을 대신 불러줘야 하는 순간을 맞는다. 치매는 그 순간을 조금 더 일찍, 조금 더 가혹하게 가져오는 병이다. 어느 날은 밥 짓는 법을 잊고, 다음 날은 문 여는 법을 잊고, 마지막에는 사랑하던 가족의 얼굴마저 희미해진다. 병은 한 사람의 삶을 앗아가지만 그 부담은 가족이라는 울타리 전체를 무너뜨리기도 한다. 간병 비극이라는 말이 괜히 생긴 게 아니다. 누군가는 돌보다 지치고, 누군가는 병 앞에서 주저앉는다.

도시는 이런 현실 앞에서 어떤 태도를 취해야 하는가. 나는 치매 정책을 단순한 복지사업이 아니라 도시의 철학이라 생각했다. 철학은 젊은이의 속도보다 노인의 속도에 맞추는 방식에서 드러난다. 기억이 흐려지는 사람을 도시가 어떻게 붙들어 주는가라는 질문을 붙잡고 '가족안심시립요양원'을 공약으로 올렸다.

2017년, 문재인 대통령이 '치매국가책임제'를 국정과제로 내놓았을 때 나는 고개를 끄덕였다. 치매안심센터 확대, 치매안심병원 설립, 장기요양보험 지원, 의료비 90% 보험 적용…. 이는 건강보험의 기술이 아니라 국가가 한 사람의 마지막을 책임지겠다는 선언이었다.

도시는 인프라로 이 약속에 응답해야 했다. 그래서 민선 7기 시작과 함께 치매안심병원 건립을 추진했다. 유성구 시립제1노인전문병원을 증축하려 했지만 부지 문제로 불가능했다. 구암동, 연축동, 읍내동, 신탄진동…. 지도 위에 후보지를 올려놓고, 매번 토지주의 매도 철회로 사업이 흩어지는 과정을 겪었다. 정책은 종종 숫자로 설계되지만, 막는 건 늘 땅과 사람이라는 사실을 다시 배웠다.

2020년, 마침내 동구 판암동의 시유지가 답이 되었다. 설계 공모를 마치고 2022년 착공, 2023년 준공을 목표로 내걸었다. 그러나 정권이 바뀐 뒤, 일의 속도는 달라졌다. 사업은 느려졌고, 2023년이 되어서야 착공, 개원은 2025년으로 미뤄졌다. 행정의 지연은 단순한 일정 변경이 아니다. 누군가는 그 시간 동안 사랑하는 사람을 혼자 돌봤을 것이고, 누군가는 그 사이에 지쳤을 것이며, 누군가는 이미 손을 놓았을지도 모른다. 도시가 시간을 늦출수록 그 비용은 가족의 삶으로 계산된다.

'가족안심시립요양원'에서 '치매시립요양원'으로 이름도 바뀌었다. 바꾸는 건 쉽지만 이름 속에 담긴 철학까지 흔들려서는 안 된다. 정책은 단어가 아니라 방향이다. 나는 이곳이 치매 환자와 가족에게 진짜 '안심'이 되는 공간이길 바랐다. 기억을 잃어가는 사람의 마지막 길에 도시가 함께 걸어주는 기관이 되길 희망했다.

우리는 늘 젊은 도시를 꿈꾼다. 그러나 도시가 끝까지 책임져야 할 사람은 젊은이가 아니라 노인이다. 젊음은 스스로 걸어가지만 노년은 누군가의 손을 필요로 하기 때문이다. 그리고 그 손을 내밀 때 도시는 비로소 사람이 머물고 싶은 곳이 된다.

나는 치매안심병원 확충이 바로 그 손의 역할을 하길 바란다. 누구도 혼자 마지막을 버티지 않도록, 한 사람의 기억이 사라져가더라도 도시의 기억은 그 사람을 놓지 않도록 해야 한다. 정치란 결국 가장 취약한 사람 옆에 가장 먼저 서는 일이다. 그 자리에 도시의 품격도 정치의 품질도 함께 드러난다.

허태정의

결심

큰도시 작은마을, 사람이 먼저

인공지능 기반 스마트시티 구축

"대한민국 디지털경제를 대전이 선도하겠습니다!"

2020년 10월 13일, 청와대에 들어서던 그날 아침 공기가 아직도 기억난다. '한국판 뉴딜 시·도지사 연석회의'. 문재인 대통령과 17개 시·도지사가 모두 참석하는 자리였다. 그 앞에서 나는 '인공지능 기반 지능형 도시, 대전형 뉴딜'을 선언했다.

말 그대로 대전의 앞날을 두고 도장을 찍는 순간이었다.

대전은 원래 과학기술의 도시다. 연구소와 대학, 벤처기업이 촘촘히 모여 있다. 대덕특구에는 출연연이, 곳곳에는 스타트업이 자라나고 있다. 나는 이 도시를 바라보며 이렇게 생각했다.

"이 자산을 그냥 놔두면 안 된다. 데이터Data, 네트워크Network, 인공지능AI, 이 D·N·A로 다시 엮으면 전혀 다른 도시가 된다."

그래서 그날 연석회의에서 이렇게 말했다.

"대덕특구를 재창조해 AI+X(다양한 첨단산업 등)를를 마음껏 실증할 수 있는 플랫폼을 만들겠다."

"정부의 '데이터댐'과 대전의 공공·민간 데이터를 과감히 개방해 바이오·에너지 등 전 산업의 혁신을 이끌겠다."

"교통·안전·환경·행정 서비스를 인공지능 기반 스마트시티로 전환하겠다."

계획은 두 갈래다. 하나는 D·N·A 기반 스마트시티, 또 하나는 시민이 체감하는 지능형 서비스 도시였다. 데이터가 막히지 않고 흘러야 했다. 사람과 시설, 기관을 잇는 네트워크가 촘촘해야 했다. 그 위에 인공지능을 더해 시민이 "아, 정말 내 삶이 바뀌었구나"하고 느낄 수 있어야 했다.

그래서 클라우드 기반 데이터 허브센터와 대전 빅데이터 센터 구축, 공공데이터 발굴·개방을 추진했다. 국립중앙과학관 일대에는 AI랜드를 구상했다. AI 혁신학교, 대전 AI 페스티벌, 기업 맞춤형 AI 솔루션 지원도 거기에 붙였다. 교통·안전·경제·환경·행정 5개 분야에서 30여 개 스마트 서비스를 내놓은 것도 "AI가 우리 삶을 구체적으로 어떻게 바꿀 것인가"에 대한 답을 찾기 위한 시도였다.

구상만으로는 도시가 달라지지 않는다. 종이 위 계획을 현장으로 끌고와야 했다. 그래서 과학부시장과 산·학·연·관 핵심 주체들이 모인

'스마트도시사업협의회'를 만들었다. ETRI, 한국수자원공사 같은 출연연, 대학, 민간기업, 공공기관이 한자리에 모였다.

"대전에 어떤 서비스를 먼저 깔아 볼까?"

회의 안건은 늘 구체적이었다. 그 논의의 결과물 가운데 하나가 '대전 ICT 이노베이션스퀘어'다. 유성구 문지동 대전세종연구원 안에 들어선 이 공간은 스타트업, 개발자, 연구자가 함께 뒤엉켜 머리를 맞대는 협업 공간으로 꾸몄다. 2023년까지 창업·개발자 지원을 위한 특강·멘토링을 운영하고, 충청권 인공지능AI 주간 행사와 포럼·기술세미나를 개최해 산·학·연 네트워킹을 구축했다. 또 신기술 접목이 가능한 인공지능·블록체인 등 소프트웨어 분야 혁신 인재 1400명을 양성하는 것을 목표로 삼았다.

"대전이 정말 AI 도시가 될 수 있을까?"

이 물음에 우리는 구호 대신 작은 공간부터 시작했다. 간판을 크게 단 것도 아니었다. 다만 사람을 모으고, 관계를 만들고, 기회를 연결했다. 도시의 미래는 기술에서 시작하는 것 같지만 결국 사람에게 가서 멈춘다는 걸 나는 다시 한번 확인했다.

길이 도시를 잇고, 사람은 길 위에서 만난다

대전시장으로 있으면서 내가 가장 자주 꺼낸 말 중 하나가 '충청권 메가시티'였다. 대전·세종·충남·충북 네 지역을 하나의 생활·경제권으로 묶자는 제안이었다. 수도권 일극 체제는 지방이 제각각 뛰어서는 넘어설 수 없다. 각자 따로 성장하면, 언젠가는 벽에 부딪힌다.

각 지역이 지역적 특성을 살리면서 광역교통망으로 연결해 기능을 통합하고 덩치를 키우는 일이 필요하다. 산업을 공동으로 개발하고 서로 연결함으로써 일자리를 효율적으로 창출하고 주민들의 경제적 이익과 생활의 편의성을 확충하는 것이 바로 메가시티의 본질이다.

충청권 메가시티는 충청권을 '4차 산업혁명에 특화된 미래산업의 중심지'이자 '지속 성장이 가능한 균형발전의 허브'로 만드는 일이다.

대전 도시철도 1호선을 세종까지 연장하고, 다시 청주공항까지 잇는 구상, 대전에서 청주공항까지 광역철도망을 구축하고, 대전에서 내포·서해안으로 향하는 도로·철도 축을 강화하는 계획 이것이 제대로 되면 충청권은 '1시간 안에 오가는 한 생활권'이 된다.

광역화는 교류의 증대다. 세종시가 생긴 뒤 대전 인구 10만 명이 세종으로 빠져나갔다. 그럼에도 불구하고 대전과 세종의 경제활동인구를 합쳐 보면, 줄지 않았다. 180만~185만 명 선을 계속 유지했다. 대

전의 인구는 세종으로 빠져나갔지만 세종의 사람이 대전으로 와서 일하고 소비했다.

행정 경계는 나뉘어도 삶은 이미 한 덩어리가 되어 있었다. 내가 본 메가시티의 출발점은 바로 이 지점이다. 2021년 정부는 충청권 메가시티 광역교통망 사업에 대전시의 요구를 상당 부분 수용했다. 도로와 철도 분야 총 31개 사업 779km, 14조 9453억 원 규모의 계획이었다. 대전 도시철도 1호선을 세종·청주공항으로 잇고, 충청권 광역철도 1·2·3단계를 순차적으로 구축하는 방안이 포함됐다.

이 계획이 완성되면 반석역에서 세종청사까지 이동 시간은 크게 줄고, 대전에서 청주공항까지는 광역철도로 약 40분대에 도착한다. 공공교통 수단 분담률이 높아지고 교통혼잡·사고 비용이 줄어들게 될 것이다.

실리콘밸리를 떠올리면 이해가 쉽다. 우리는 실리콘밸리를 하나의 도시처럼 부르지만 실제로는 산호세, 산타클라라, 서니베일, 쿠퍼티노, 마운틴뷰, 팔로알토, 멘로파크…, 수많은 도시의 집합이다. 서로 다른 도시가 고속도로와 광역교통, 그리고 인적 네트워크로 엮여 하나의 산업 생태계를 만들었다.

충청권도 마찬가지다. 대전의 연구개발, 세종의 행정기능, 오송의 바이오 생산을 대전·오송·세종 벨트Daejeon-Osong-Sejong Belt로 묶으면 행정구역은 다르지만 기능적으로는 하나의 도시가 된다. 내가 바라본 메가시티의 그림은 이렇게 "지도 위 도시가 아니라 기능과 삶으로 엮인 도시"였다.

메가시티 논의는 자연스럽게 교육과 인재 문제로 이어졌다. 대전·세종·충남은 함께 '지역혁신 플랫폼RIS' 사업에 도전해 교육부 공모에 최종 선정됐다. 이 사업의 핵심은 "지역에서 키운 인재가, 지역에서 일하며 살 수 있게 하자"는 것이다. 그래서 만들어진 것이 'DSCDaejeon Sejong Chungnam 공유대학'이다.

그래서 나는 행정통합보다 기능통합이 중요하고, 주민 동의를 우선해야 한다고 여러 번 말했다. 행정통합은 구호만으로 되는 일이 아니다. 지방자치법은 주민에게 중대한 영향을 미치는 결정에 대해 주민투표를 할 수 있도록 하고 있다. 그만큼 무거운 일이다.

통합 창원시 사례는 좋은 반면교사다. 2010년 마산·창원·진해를 합쳐 '통합 창원시'가 출범했지만 10년이 훌쩍 넘은 지금까지도 지역간 갈등이 계속되고 있다. 통합 이후 5년 동안 보통교부세가 이전보다 크게 줄었다는 연구도 있다. 이름을 하나로 합쳤다고 해서 삶이 저절로 나아지는 건 아니다.

메가시티 정책은 행정의 언어로만 보면 추상적이다. 그러나 삶의 언어로 바꾸면 한 문장이다.

"서로 연결되면, 같이 산다."

대전은 충청 메가시티의 허브다. 교통의 결절점이자 물 복지의 중심지, 로컬푸드의 소비처, 과학기술 인재풀의 원천이다. 이 장점을 살리면 "서울 밖에서 살지만 기회는 서울 이상인 도시"를 충분히 꿈꿔 볼 수 있다.

자치단체장이 본 외국의 도시재생

도시재생을 고민하며 여러 도시를 찾아다니다 보니 서로 다른 표정을 가진 도시들은 결국 한 방향을 가리키고 있다는 사실을 깨달았다. 낡은 것을 지우는 데서 답을 찾지 않고 있던 것을 살려 새로운 의미를 붙이는 방식이었다.

영국 게이츠헤드는 제조업이 무너지며 폐공장과 부두만 남은 도시였다. 그런데 이들은 그 잔해를 '껍데기'로 보지 않았다. 오히려 예술가와 시민들이 모여 문화·예술 공간을 만들고 도시의 흔적을 감추지 않은 채 공공미술로 채웠다. 그 결과 한때 회색빛이던 동네가 지금은 연간 수백만 명이 찾는 문화도시가 되었다.

이 흐름은 대서양을 건너 미국 뉴욕 브루클린의 윌리엄스버그에서도 이어진다. 여긴 오래된 설탕공장이 서 있었다. 사람들은 처음에 "허물고 새로 짓자"고 했지만 도시는 공장의 뼈대를 남기는 쪽을 택했다. 낡은 기둥 위에 문화공간과 상업시설, 주거를 더하자 공장 지대는 어느새 고급 아파트와 오피스, 공원이 어울린 동네로 변해갔다.

대전으로 치면 대덕구 대화동 같은 곳이다. 창고와 공장이 많지만 그만큼 '다시 쓰기' 좋은 흔적이 많은 곳이다. 지우는 도시보다 살려내는 도시가 가능하다는 걸 말해주는 지역이다.

텍사스 오스틴은 또 다른 방식으로 도시를 되살렸다. 음악·영화·IT 축제인 'SXSWSouth by Southwest' 하나에 도시 전체의 리듬을 맞췄다. 'SXSW'는 세계 3대 '음악마켓'의 하나이다. 전 세계 각지에서 몰려든 젊은 작가들과 아티스트, 뮤지션, 영화감독이 축제에 참가함으로써 오스틴은 '라이브 음악의 수도'라는 별명을 얻었다. 사람과 아이디어가 몰리자 한때 평범한 도시였던 이곳이 지금은 실리콘밸리에 맞서는 '실리콘 힐스Silicon Hills'가 되었다. 도시의 콘텐츠와 분위기를 바꾸는 방식이었다.

유럽 북쪽의 항구도시 말뫼는 또 다른 이야기를 들려준다. 스웨덴의 대표 조선소 코쿰스Kokums가 있던 곳으로 높이 140m의 초대형 골리앗 크레인이 이 도시의 랜드마크였다. 조선업이 몰락하면서 도시 전체가 흔들렸고 심지어 골리앗 크레인이 한국으로 넘어가는 날을 '말뫼의 눈물'이라 불렀다. 하지만 이 도시도 낡은 구조물을 지우는 대신 그 자리에 대학과 연구기관을 유치하고 신재생에너지 산업을 키워냈다. 무너진 산업 한 대목을 미래 산업의 발판으로 바꾼 것이다.

로마와 몬트리올 역시 비슷한 길을 탔다. 원도심의 공장과 창고는 그 모습 그대로 두고 내부만 창업 공간과 청년 주거 공간으로 바꿨다. 외관은 과거의 기억을 품고, 안쪽은 새로운 삶을 담는 방식이었다. 골목 상권도 시나브로 살아났다.

이 도시들이 보여준 메시지는 결국 같다. 도시는 허무는 데서 살아나는 게 아니라, 남겨진 흔적에서 다시 자란다. 그리고 나는 대전을 보며 생각했다. 대덕구의 공단도, 원도심의 근대 건물들도, '낡았다'고 밀어낼 대상이 아니라 도시를 다시 세울 씨앗이다. 근대 유산 위에 제대로 된 콘텐츠와 프로그램을 입히면 상권과 커뮤니티는 다시 살아난다. 도시재생은 결국 "사람이 떠난 도시를 사람이 돌아오는 도시로 만드는 일"이다.

역세권과 서남부, 사람 사는 무대

나의 시정 운영 철학은 균형발전의 가치에 있다. 이 가치는 지속 가능한 발전의 핵심 근거이기도 하다. 불균형 발전에서 비롯된 사회적 불평등이 심화되면 그 자체로 돌이킬 수 없는 위기를 맞게 된다.

대전의 균형발전은 책상 위에서 그리는 그림이 아니다. 도시의 동쪽과 서쪽, 원도심과 신도심 사이의 보이지 않는 골을 메우려면 결국 현장의 먼지 속에서 답을 찾아야 한다. 그래서 나는 가장 오래 묵은 난제였던 대전역세권 개발을 먼저 붙들었다.

이 사업은 2008년, 2015년, 2019년 세 번이나 공모가 무산됐다. "사업성이 없다"는 이유로 응모하는 사업자가 없었다. 사업성과 공공성이 모두 담보되어야 했기에 쉽게 민자를 유치할 수 없었다. 그래서 한국철도공사부터 동·중구청, 상인연합회, 전통시장연합회, 주민 대표까지 대전역세권상생협력위원회를 꾸렸다. 서로 이해관계가 달라 매번 회의는 길어졌고, 6차례 넘는 토론 끝에야 조금씩 접점이 드러났다. 그렇게 쌓인 신뢰 위에서 2020년 네 번째 공모에서 마침내 한화건설 컨소시엄이 손을 들었다. 열두 해 넘게 제자리였던 사업이 처음으로 움직인 순간이었다. 정동·소제동 일원 10만㎡가 넘는 구역, 그중 복합 2구역에는 초고층 복합시설, 호텔·업무·상업공간, 환승센터까지 포함된 계획이 만들어졌다.

대전역세권은 충분한 배후 주거시설과 전통시장을 관통하고, 도보로 5분 거리에 있는 원도심 중심 상권의 상업시설을 갖춘 곳이다. 이곳에 첨단 기업을 유치하여 국제과학비즈니스벨트, 대덕연구개발특구 등 과학기술과 지역인재를 결합하고 최첨단 스마트 그린시티를 조성하면 원도심 활성화와 동서균형 발전이라는 두 마리의 토끼를 잡을 수 있을 것이다. 더구나 역세권이 혁신도시 지구로 지정되어 공공기관을 유치할 수 있게 되었고 이 구역이 '도심융합특구'로 지정되어 역세권 개발에 날개를 달았다.

이제 대전역은 단순한 환승지가 아니라 과학·문화·관광이 만나는 도시의 관문으로 다시 태어날 준비를 하게 됐다.

한쪽에서 원도심의 심장을 다시 뛰게 했다면 또 다른 한쪽에서는 대전의 '허파' 같은 서남부권을 정돈해야 했다. 평촌일반산업단지, 서남부종합스포츠타운, 대전교도소 이전은 서로 영향을 주고받는 한 덩어리다. 평촌·용촌·매노동 일원 산업단지는 대전이 수십 년간 겪어온 산업용지 부족 문제를 풀기 위한 첫 조치였다. 기업이 자리를 못 잡으면 일자리는 만들어지지 않는다. 균형발전은 결국 사람의 삶이 옮겨갈 수 있는 공간을 마련하는 일이라는 걸 현장에서 절감했다.

유성구 학하동 서남부종합스포츠타운은 체육시설, 주거, 공공임대주택까지 함께 짓는 장기 프로젝트다. 하계유니버시아드를 치러야 하고, 한밭종합운동장을 대신할 시설이지만 그린벨트라는 벽에 부딪혀 고전했다. 산업 용지를 빼 부지를 줄이고 서민 주거 안정을 위한 공공주택 건설로 중앙투자심사에 통과할 수 있었다. 여러 난제를 한 번에 풀어야 하니 '도시의 미래를 한 페이지 넘기는 사업'이라고 느꼈다.

하지만 대전교도소 이전이라는 마지막 열쇠가 남아있다. 40년이 넘은 낡은 시설은 수용률 140%를 넘나들며 국가인권위원회가 개선을 권고할 만큼 심각한 상황이었다.

2017년 유성구 방동지구로의 이전 계획이 발표되며 2025년 준공이라는 그림이 그려졌다. 대전교도소 자리에 위치한 대전지방교정청은 중구 선화동에 위치한 옛 충남경찰청 복합청사에 입주할 수 있도록 지원할 방침이었다.

하지만 정부가 바뀌고 민선 8기가 들어서면서 교도소 이전은 표류했다. 예비타당성조사에서 경제성과 재무성 기준에 미달해 사업은 다시 제자리로 돌아왔다.

"교정시설 이전을 수익사업 논리로만 판단하는 게 과연 옳은가?"

교도소는 단순한 시설이 아니다. 인권 문제, 도시계획, 주민 안전, 지역발전이 한데 얽혀 있는 공공 인프라다. 사업성이 안 나온다고 해서 사라질 문제가 아니고, 민간의 수익 구조로 환산할 수 있는 사업도 아니다. 교정시설 이전은 돈의 문제 이전에 삶의 문제다.

대전의 균형발전은 그렇게 하나의 사업이 아니라 서로 다른 퍼즐 조각들을 한 방향으로 맞추어 가는 과정이었다. 그 속에서 나는 "도시를 살리는 일은 결국 사람을 살리는 일"임을 거듭 확인하게 되었다.

도시는 사람의 이야기다

인공지능 기반 스마트시티, 충청권 메가시티, DSC 공유대학, 도시재생, 역세권 개발과 서남부권 개발, 그리고 대전교도소 이전까지 겉으론 서로 다른 주제처럼 보이지만 나는 이 모든 논의가 한 지점에서 다시 만나고 있음을 보았다.

"이 도시에서 우리는 사람답게 살 수 있는가."

AI도, 빌딩도, 교통망도 결국 그 질문의 바깥에 있지 못한다. 도시는 기술로만 굴러가지 않는다. 한 사람의 출근길, 한 가정의 저녁 식탁, 아이들의 미래가 담긴 학교와 골목, 이런 삶의 층위 위에 도시의 얼굴이 놓인다.

대전이라는 도시를 맡아 일하는 동안 수많은 사업이 오갔고, 셀 수 없는 갈등과 합의가 있었다. 그 과정을 지나오며 분명해진 것이 있다. 도시는 설계도가 아니라 '사람'이 만든다는 사실이다.

행정이 앞서 뛰어도 시민의 삶이 따라오지 못하면 그것은 도시가 아니라 시설물에 가깝다. 그래서 도시계획의 첫 문장은 언제나 "시민이 원하는가"였다. 대전은 충청권의 허브이자 과학도시다. 그러면서도 오래된 골목과 삶의 냄새가 남아 있는 생활도시다. 이 두 얼굴을 동시에 품고 있다는 사실은 대전이 앞으로 어떤 도시가 되어야 하는지를 분명하게 말해준다. 규모는 커지되 마음은 멀어지지 않는 도시 기술은 앞서가되 사람은 뒤처지지 않는 도시 나는 그런 도시를 꿈꿨다.

큰 도시지만 작은 마을처럼 서로를 기억해주고, 인공지능이 도시를 움직이지만 사람의 체온이 도시를 따뜻하게 덮어주는 곳, 도시의 구조보다 살아가는 이의 꿈이 더 존중받는 곳, 결국 도시를 완성하는 것은 건물이 아니라 사람이다. 기억하고, 걷고, 일하고, 사랑하는 사람들이 이곳에서 '살고 싶다'는 마음을 가질 때 비로소 도시는 제 모습을 갖춘다.

허태정의

결심

05

지방정부 대전광역시

예산은 확보가 우선, 지출은 신중하게

사업과 재정은 비례한다. 하고 싶은 일이 아무리 많아도 돈이 없으면 할 수 없다. 재정은 시정의 승패를 가름한다.

대전시장으로 취임한 이듬해 대전시 최초로 국비 3조 원 시대를 열었다. 2019년 확보한 정부 예산은 총 3조 611억 원으로 당초 목표였던 2조 9800억 원보다 811억 원이 늘어났다. 전년도와 비교해도

대전시, 내년 국비 3조 8644억 원 확보 .. 역대 최대
〈출처 : 쿠키뉴스 2021년 12월 5일〉

8.6%가 늘었다. 이를 위해 국회 예결위 복도를 서성이던 날이 적지 않았다. 지역 국회의원들을 찾아가 설득하고 각 부처 국·과장을 만나 대전의 논리를 설명했다. 2020년에는 전년보다 9.5% 증가한 3조 3529억 원, 2021년에는 3조 5808억 원, 임기 마지막 해인 2022년에는 3조 8644억 원까지 올라갔다. 국비 3조 원 시대에 안착했다. 코로나19와 싸우느라 정신없는 가운데도 매년 국비를 차곡차곡 확보했다.

숫자는 차갑지만 그 안에는 사람의 시간이 녹아 있다. 장부에는 숫자로만 적히지만 그 숫자를 만들어 낸 사람들의 노력과 기다림의 숨결이 함께 들어가 있다. 첨단센서 신뢰성 평가와 제품화 지원, 출연연 R&D 플랫폼 구축, 고경력 과학기술인 활용 같은 사업은 과학도시 대전의 다음 30년을 설계하는 일이었다.

바이오메디컬 규제자유특구 예산은 규제를 풀어 신산업을 키우는 실험대였다. 단재 신채호 기념교육관, 국제 온천관광지구, 반다비 실감스포츠 체육관과 스포츠산업 지원센터 같은 사업들은 도시의 역사·문화·복지를 한 줄의 서사로 엮어내는 콘텐츠였다.

임업기술 실용화센터, 고전번역 교육원 대전분원, 한국폴리텍대학(대전) 학생회관은 공공기관 유치를 통한 일자리 기반이자 청년들의 미래를 잇는 연결고리였고, 충청권광역철도 1단계, 신탄진인입철도, 주차장 확충과 지구대 신설은 시민의 출퇴근과 삶의 안전에 직접 닿아 있는 사업이었다.

국비 확보는 지역사회의 경제적 안정과 사회 서비스 제공, 지역 균형발전을 위해 매우 중요하다. 늘 지방자치단체는 재정난에 시달린다. 모든 재정권을 국가가 갖고 있기 때문에 국비를 얼마나 많이 확보하느냐는 지방재정 건전성에 직접적으로 영향을 미친다.

국비가 늘었다는 것은 대전시정과 국가정책의 궤가 맞아 떨어지고 있다는 뜻이다. 지방정부 혼자서는 도저히 감당할 수 없는 대규모 기반 투자와 미래산업을 국가와 함께 나누어 짊어진다는 신호이기도 했다.

미래 세대 어깨 위에 얹힌 숫자

국비 3조 시대는 한 도시가 성장 잠재력을 키워가는 과정이었다. 그러나 같은 시기, 나는 늘 다른 숫자도 함께 들여다보았다. 바로 재정자립도와 지방채였다.

2022년 대전시 재정자립도는 46.8%였다. 그러나 2025년에는 41.1%로 떨어졌다. 중앙정부 의존도가 더 커졌다는 뜻이고, 도시가 스스로 감당해야 할 몫을 충분히 확보하지 못하고 있다는 신호이기도 하다.

지방채 발행률도 가파르게 올랐다. 2019~2021년, 부채는 관리 가능한 범위 안에서 도시철도 2호선과 같은 대규모 SOC 사업에 투입되었다. 그때까지의 부채는 '미래를 당겨 쓰되 감당할 수 있는 수준 안에서 쓰는' 빚이었다. 그러나 민선 8기 출범 이후 도시 브랜딩, 축제, 상징사업 등에 재정이 집중되면서 지방채 발행 규모는 급격히 커졌다.

2021년 54%였던 지방채 발행률은 2022년 82%, 2023년 92%, 2024년 90% 수준까지 치솟았고, 지방채채무액은 2022년 말 9800억 원 수준에서 2025년 말 1조 5000억 원을 넘어서는 것으로 보도되고 있다. 연간 이자만 약 350억 원에 이른다. 같은 기간 세입 증가율은 3%대에 머물러 재정 불균형이 구조화되는 상황이다. 결국 미래 세대가 갚아야 할 빚이다.

2021년과 2022년 세입결산과 예산 간 차이는 전국 광역자치단체 평균 오차율과 비슷하거나 낮았다. 하지만 2023년부터는 세입예산 6.5조 원 대비 결산이 7.1조 원으로 약 6000억 원의 오차가 발생했다. 예산 대비 결산 오차율이 9.1%로 전국 광역 평균 8.6%보다 크게 높다. 예산을 편성할 때부터 세입·세출 계산도 못한 것이 된다.

결국 2026년 대전시는 전 실·국과 산하기관 예산의 10% 일괄 삭감을 전제로 한 긴축재정 기조를 공식화했다. 문제는 '줄이는 것' 그 자체가 아니라, '어디를 줄이느냐'다. 허리띠를 졸라매야 할 때, 정치가 해야 할 일은 '어디를, 얼마나 줄일 것인가'에 대한 우선순위를 세우는 일이다. 시민의 안전, 복지, 교육처럼 도시의 최소한의 품위를 지키는 영역까지 '형평'이라는 이름으로 일괄 삭감이 되어서는 안 된다. 똑같이 10%를 자르는 것은 겉으로만 공정하고 실제로는 가장 약한 곳부터 상처 내는 방식일 수 있다.

"예산은 편성하면 됩니다"라는 말은 지방정부 수장으로서 무책임하고 무모한 태도다. 이러한 생각이 결국에는 지방재정의 악화를 불러오고 이를 메꾸기 위해 다시 돈을 끌어오는 악순환이 생긴다.

빚은 숫자가 아니라 "우리는 여기까지 했으니 이제부터 당신들이 감당해 달라"는 미래 세대에게 건네는 정치인의 청구서다. 그래서 재정의 문제는 능력의 문제가 아니라 윤리의 문제이기도 하다. 숫자를 맞추는 기술보다 미래 세대의 어깨를 얼마나 가볍게 해줄 것이냐는 양심의 문제다.

예산은 표를 위해 쓰여서는 안 된다. 예산은 삶을 바꾸기 위해 쓰여야 한다. 정치의 언어가 '표의 언어'에서 '삶의 언어'로 바뀌는 지점이 바로 거기에 있다.

시민주권의 상징 '대전시소'

나는 민선 7기 시정 슬로건을 "새로운 대전, 시민의 힘으로"라고 정했다. 짧은 한 줄 문장이지만, 그 속에는 지방정부가 누구의 것인가, 권력의 주인이 누구인가에 대한 답이 담겨 있다. 행정은 더 이상 관이 일방적으로 끌고 가는 시대가 아니다. 군사정권 시절처럼 "위에서 정하면 따른다"는 방식은 이미 오래전 막을 내렸다.

지방자치의 핵심은 주민 참여이고, 그 참여의 진짜 내용은 '권력을 나누는 것'이다. 예산편성 과정에 시민이 개입하고, 도시의 큰 사업을 결정할 때 공론화를 거치며, 시정의 우선순위를 정하는 테이블에 시민이 함께 앉을 수 있도록 의자 몇 개를 시민에게 내어주는 일이 시민주권이다.

나는 대전시정 전반에 '시민을 테이블 앞자리로 모시는 일'을 가장 중요한 원칙으로 삼았다. 그 상징이 바로 '대전시소'와 '주민참여예산제'였다.

'대전시소'는 민선 7기 시민주권 실현을 위해 내건 대표 공약 사업이다. 이름도 시민과 함께 지었다. 아이들이 마주 보고 앉아 엇갈린 무게를 주고받는 놀이기구인 시소. 같은 시간, 같은 공간에 서 있지만 서로 다른 시점과 생각을 가진 두 사람이 균형점을 찾아가며 오르내리는 장치다. 나는 그 이미지를 시민 참여 플랫폼에 옮기고 싶었다.

‘대전시소’라는 이름에는 ‘시민과 시민이 서로의 생각을 주고받으며 균형을 잡는 정치’라는 뜻이 담겨있다. ‘대전시소’는 단순한 의견 수렴 창구가 아니었다. 시민이 제안하고, 시민이 공감하고, 시민이 토론하고, 그 과정이 충분히 숙성되었을 때 행정이 뒤따라가는 구조를 지향했다. ‘시민이 제안하고 공무원이 결정하는’ 틀에서 ‘시민이 제안하고 시민이 결정하는’ 틀로 한 걸음 옮겨 놓고자 했다.

100명 이상의 공감을 받은 시민 제안이 있으면 공론장을 개설하고, 1000명 이상 시민이 공론장에 참여하면 시장이 직접 답변하는 기준을 마련했다. 설령 공감 기준 수에 미달하더라도 시의성이 있거나 다수의 시민이 동일한 제안을 한 경우에 대해서는 ‘토론의제선정단’ 회의를 통해 ‘우수제안’으로 채택해 공론장을 열었다. 또 제안과 토론, 결과 등 시민제안 진행 단계를 공개하고, 제안자에게는 문자메시지를 통해 처리 과정을 개별적으로 알려주었다.

누구든지 대전시청 홈페이지에서 통합 로그인하거나 자주 사용하는 소셜네트워크서비스(네이버, 카카오, 페이스북) 계정 하나만으로 ‘대전시소’에 쉽게 접속할 수 있어서 온라인 시민 참여가 활성화되었다.

그 결과 플랫폼 개설 2년 6개월 만에 100만명이 방문하는 기록을 세웠다. 특히 ‘대전시소’의 좋은 제안에 선정된 최우수자 5명 가운데 3명이 중·고·대학생이었다. 젊은 청년이 좋은 제안을 했다는 것은 도시의 미래가 젊어진다는 것을 상징하는 일이다.

가장 기억에 남는 것은 2021년 '대전시소'를 통해 대전형 뉴딜 10대 특화 과제 선정을 위한 온라인 설문을 진행한 것이다. 분야별 전문가들이 100대 과제를 20개로 추려냈고, 마지막 선택은 시민의 온라인 투표에 맡겼다. 그 과정 자체가 시민이 도시의 큰 방향을 함께 정하는 훈련장이었다.

권력을 나눈다는 것은 결론만 함께 나누는 일이 아니다. 고민하는 시간, 머뭇거리는 과정, 그 자리에 함께 앉아 있는 시간을 나누는 일이다.

사상 최대의 주민참여예산제

주민참여예산제는 이미 제도적으로는 오래전부터 있었다. 2003년 행정안전부의 지침 개정으로 지자체에 권장되기 시작했고, 2006년 지방재정법 개정을 거쳐 2011년에는 광역·기초를 막론하고 전 지자체 의무제도가 되었다. 문제는 "있느냐, 없느냐"가 아니라 "얼마나 맡길 것인가"였다. 대전시의 주민참여예산 규모는 2015년부터 2018년까지 대략 30억 원 수준에 머물러 있었다.

종래 지방자치단체의 예산편성과 집행은 자치단체의 행정부에 의해 주도되었다. 그렇게 되면 실제로는 그 예산의 집행에 영향을 받는 시

민들은 수동적인 존재가 된다. 직접적인 예산편성과 집행권이 주권자인 시민들에게 주어져야 한다고 여겼다. 그렇지 않고서는 시민주권을 말하기 어렵다고 느꼈다.

2019년에 100억 원의 예산을 편성했다. 공무원들도 놀랐고, 언론도 관련 보도를 쏟아냈다. 시민들은 환영했다. 2020년에는 150억 원, 2021년에는 200억 원까지 확대했다. '사상 최대의 시민참여예산'이라는 보도가 이어지며 전국적으로도 화제였다. 사실상 민선 7기 주력 사업이라고 해도 과언이 아니었다. 나는 이것이 올바른 방향이라고 봤다.

시민 제안 건수도 2017년 약 200여 개에서 2021년 2000여 개로 10배 늘었다. 훌륭한 사업들이 쏟아져 나왔고, 실행됐다. 대전시민 독서량 증진과 지역 서점 활성화 사업으로 시민의 의식 수준을 높이는 동시에 어려움을 겪는 지역 서점에 숨통을 틔울 수 있었다. 대전지역 아파트 경비실에 미니태양광을 보급하는 일도 대전시가 생각하지 못한 사업이었다. 시민의 손으로 대전을 만들어 나가기 시작했다.

나는 이 과정을 "풀뿌리 민주주의와 재정 민주주의의 교차점"이라고 불렀다. 예산편성 과정에 시민의 직접 참여를 보장하고, 접수·심사·선정·집행 전 과정을 온라인으로 공개했다. 정책의 내용만이 아니라, 그 내용을 결정하는 과정까지 투명하게 열어두었다.

그러나 민선 8기 들어 이 흐름은 거꾸로 가고 있다. 2023년 예산은 99억 8300만 원(220건)으로 대폭 삭감되었고, 2025년에는 50억 원 수준으로 내려갔다. 나는 이것을 단순한 숫자의 축소가 아니라 시민주권의 후퇴로 본다. 민주주의의 시계가 거꾸로 가고 있음을 현장에서 목격하고 있는 셈이다. 그래도 믿는다. 역사의 수레바퀴는 앞으로 굴러간다는 사실을 ….

대전의 시민주권 역사를 기념하다

시민주권을 상징하는 시설 중 하나가 '3·8민주의거기념관'이다. 많은 사람들이 대구의 '2·28학생민주의거', 마산의 '3·15의거', 그리고 '4·19혁명'은 알지만, 대전의 '3·8민주의거'는 아직 잘 모른다.

1960년 3월 8일부터 10일까지, 대전지역 고등학생들은 자유당 정권의 부정부패와 인권침해에 맞서 자유와 정의, 민주화를 외치며 거리에 나섰다. 충청권 최초의 학생민주화운동이자, 지역 민주화운동의 효시였다.

대전시는 오랫동안 '3·8민주의거'의 역사적 재평가를 위해 힘써 왔다. 그 결과 2018년 10월 30일, 국무회의에서 국가기념일로 지정되었다. 기념관은 대전 중구 근현대사전시관 인근에 총 사업비 156억 원이 투입돼 지하 1층 지상 4층의 규모로 건립되었다.

'3.8민주의거'는 시민주권의 역사가 시작된 중요한 기점이다. 학생운동 출신인 나에게 이 사업은 단순한 건축이 아니었다. "오늘 우리가 누리는 자유와 민주주의는 어디에서 왔는가"라는 질문에 대해 도시 차원의 답을 준비하는 작업이었다.

자치경찰제도 마찬가지다. 완전한 지방자치를 위해서는 행정뿐 아니라 치안도 지역의 맥락에 맞게 운영되어야 한다고 믿었다. 문재인

정부에서 자치경찰제 도입 논의가 본격화되자 나는 2018년부터 '자치경찰위원회'를 구성하고 대전형 자치경찰제 도입을 위한 준비를 시작했다.

수사권과 치안이라는 권력을 국가가 독점하는 것이 아니라 지역과 시민이 일정 부분 함께 책임지는 구조, 그것이 내가 꿈꾼 자치경찰이다. 경찰이 가진 권력도 결국 시민이 위임한 것이다. 그 권력을 시민에게 다시 돌려주는 제도가 자치경찰제라고 나는 생각한다.

숙의민주주의, 느리지만 다른 길

정부가 신규 원전 2기에 대한 공론화 방식과 절차를 연내 결정하겠다고 한다. 숙의민주주의로 문제를 해결하겠다는 뜻이다. 이미 나는 대전시정 민선 7기 때 온갖 갈등 소지가 있는 사안에 대해서는 숙의민주주의를 통해 문제 해결을 시도했다.

2019년 12월, 대전시는 '숙의민주주의 실현 조례'를 제정했다. 이 조례를 근거로 구성된 '월평공원공론화위원회'는 숙의민주주의의 시험장이었다. 월평공원의 민간특례사업은 민선 6기부터 첨예한 갈등을 빚어온 사업이었다. 2020년 도시공원 일몰제 적용을 앞두고 월평공원 내 일부 구역에 민간기업이 아파트를 짓는 대신 나머지를 공원시설로 조성하겠다는 사업인데 환경훼손을 우려하는 시민단체와 주민들의 반발에 부닥쳤다.

'월평공원공론화위원회'는 숙의 토론회, 현장 방문, TV 토론회, 시민토론회 등을 거쳐 최종적으로 월평공원 민간특례사업 추진 중단 권고 결정을 내렸다. 공론화위원회의 사업 중단 권고 결정은 159명의 시민숙의단 중 60.4%가 반대의견을 냄에 따라 내려졌다. 최종적으로 대전시가 공론화위원회의 권고를 받아들임으로써 그동안 개발과 보전을 두고 갈등을 빚어왔던 월평공원 민간특례사업이 중단됐다. 이에 대한 개발론자들의 반발이 만만치 않았지만, 시민들의 의견을 반영한 결정이라는 점에서 숙의민주주의 가능성을 엿보았다.

민주주의는 결론만큼이나 과정을 중시한다. 나는 이 과정을 통해 “다수의 동의를 얻은 느린 결정”이 “소수에게 상처를 남기는 빠른 결정”보다 도시를 더 멀리 데려갈 수 있다는 믿음을 갖게 됐다.

보문산 ‘큰나무 전망대’ 사업은 숙의민주주의의 가능성과 한계를 동시에 보여준 사례였다. 이 사업은 민선 7기 공약사업 중 하나로 추진했다. 2019년 시민사회와 대전시가 공동으로 ‘보문산 관광 활성화 민관공동위원회’를 구성하고 1년 6개월간 11차례 회의와 시민 설문조사, 숙의를 거쳐 고층형 전망타워 설치를 중단하고 보운대를 리모델링하는 수준의 전망대로 조성하는 데 합의했다. 민주적 합의를 통해 케이블카 사업을 백지화했고, 주민 참여형 소규모 생태·역사·문화 자원 개발로 방향을 잡았다.

이러한 합의에 따라 2022년 산림청 국비 공모사업을 신청해 6대 1의 경쟁률을 뚫고 사업비 130억 원 중 국비 65억 원을 지원받을 수 있게 되었다. 사업 추진이 급물살을 탔다.

하지만 환경단체들이 문제를 제기했다. 높이 48.5m로 계획한 전망대를 ‘고층’이라 판단하고 기존 합의를 어겼다는 것이다. 주변 나무가 20m 이상이기 때문에 적어도 그 정도 높이는 되어야 한다고 보았던 대전시와 환경단체는 끝내 합의를 이루지 못한 채 지방선거를 치러야 했다.

나는 이 사건을 두고 적지 않은 비판을 받았다. “결단력이 부족하다”, “상황 인식이 안이하다”, “공무원에 휘둘리는 것 아니냐”는 등등의 질타가 쏟아졌다. 십분 이해한다. 낸들 불도저처럼 밀어붙이는 행정을 하고 싶지 않을까.

다수의 논의를 통해 나오는 결론은 누구도 100% 만족시킬 수 없다. 결국 이런 민주적 절차를 통해 일을 하다 보니 "한 것도 없고, 안 한 것도 없다"는 평가를 받아야 했다.

논쟁과 설득, 양보와 타협의 과정을 거쳐 나오는 결론은 누구에게도 100점이 될 수 없지만, 누구에게도 0점은 아니다. 그래서 나는 민선 7기 숙의민주주의의 성과를 '절반의 성공'이라고 말한다. 시민주권의 문을 열었지만 그 문을 완전히 안쪽까지 밀어 넣지는 못했다는 스스로에 대한 평가다.

대전시 "시민주권 기반 자치분권 실현" 〈출처 : 한국일보 2019년 3월 20일〉

허태정의

결심

06

문화 예술로 읽는 도시 이야기

한없이 가지고 싶은 문화의 힘

"나는 우리나라가 세계에서 가장 아름다운 나라가 되기를 원하지, 가장 부강한 나라가 되길 원하지 아니한다. 내가 남의 침략에 가슴이 아팠으니 내 나라가 남을 침략하기를 원치 아니한다. 우리의 경제력은 우리의 생활을 충족할 만하고, 우리의 힘은 남의 침략을 막을 만하면 족하다. 오직 한없이 가지고 싶은 것은 높은 문화의 힘이다."

백범 김구 선생의 이 문장은 늘 마음을 멈춰 세운다. 나라의 힘을 GDP나 군사력의 크기가 아니라 사람을 살리고 세상을 품는 '문화의 힘'으로 보았던 시선, 그가 말한 문화는 전시장의 그림과 극장의 영화만이 아니라 서로를 배려하는 마음, 갈등을 풀어내는 지혜, 이웃의 고통을 자기 일처럼 여기는 감수성까지를 포함한 것이었다.

오늘 한국은 드라마, 음악, 영화, 게임, 웹툰으로 이어지는 K-컬처의 나라가 되었다. 세계 곳곳에서 한국어 가사를 따라 부르고, 한국의 서사에 울고 웃는다. 'K-POP 데몬헌터스' 같은 콘텐츠가 전 세계에서 사랑받는 현상은 김구 선생이 말한 '높은 문화의 힘'이 단지 이상에 머무르지 않고 현실의 힘으로 자라났다는 증거이기도 하다.

도시를 경영하는 일은 이 말을 각자의 자리에서 다시 쓰는 일이라고 생각한다. 어떤 도시는 공장 굴뚝을 더 세우는 쪽으로 다시 쓰고, 또 어떤 도시는 아파트 층수를 올리는 방향으로 해석한다. 나는 대전을 경영하는 동안 이 말을 '사람이 숨 쉬는 문화와 체육의 인프라' 위에 옮겨 적고 싶었다. 도시가 가진 힘을 숫자와 건물 높이가 아니라 시민 한 사람 한 사람의 표정으로 증명하고 싶었다.

영화관의 불빛에서 시작된 꿈

어릴 적 내 꿈은 영화감독이었다. 주변에서 “그런 성격으로 감독을?” 하고 웃어도 극장 불이 꺼지는 그 순간만큼은 세상이 내 것 같았다. 고등학교 때부터 개봉작은 물론이고 옛 영화까지 닥치는 대로 봤다. 대학에 가서도 그 마음은 쉽게 사라지지 않았다. 하지만 ‘좋아하는 것’과 ‘잘하는 것’은 달랐다. 영화감독은 상상력으로 먹고 사는 사람이다. 아무것도 없는 허공에서 장면을 떠올리고, 그 장면들을 엮어 시나리오를 만들고, 다시 그것을 영상 언어로 번역해야 한다. 나는 그 재능이 충분하지 않다는 것을 인정해야 했다.

그래도 영화에 대한 애정은 남았다. 꿈은 접었지만 극장에 가는 발걸음은 멈추지 않았다. 그래서 대전에서 자생적으로 움트는 영화제와 독립영화 생태계를 볼 때마다 남다른 마음이 들었다.

대전에는 두 개의 영화제가 있다. ‘대전국제단편영화제’는 “자생 가능한 영화제를 만들자”는 모토로 2021년에 출발했다. 지원이 끊기면 사라지는 영화제가 아니라 시민의 후원으로 버티고 자라는 영화제를 꿈꾼다. 짧지만 강렬한 국내외 단편영화들이 스크린을 채운다.

2019년부터 시작한 ‘대전철도영화제’는 또 다른 결이다. 철도의 개설과 함께 대도시로 성장해 온 대전이라는 도시의 서사를 붙잡고, ‘철도’를 소재로 한 국내외 영화들을 상영한다. 민간 지원으로 운영되는 이 영화제는 도시 인프라가 단순한 물리적 교통망이 아니라 서사의 무대가 될 수 있음을 보여준다.

이런 민간 영화제들이 열악한 환경 속에서도 스스로를 지키려 애쓰는 모습을 보면 마음이 무겁다. '자생'과 '독립'이라는 이름 뒤에는 늘 빡빡한 예산과 불안한 운영이 붙어 다닌다. 행정은 때로 이 자생력을 해치지 않는 범위 안에서 든든한 울타리가 되어 줄 수 있어야 한다. 대전관광공사 같은 공공기관과 연계해 영화제·음악제·미술제의 독자성을 살리면서도 더 튼튼한 기반을 만드는 상생 구조를 고민하게 된 이유다.

그 고민의 결과물 가운데 하나가 대전독립영화관 '시네인디U'다. 민선 7기 공약이었던 '마을극장 및 독립·예술영화 생태계 조성 지원사업'의 일환으로 2019년 겨울 문을 열었다. 운영은 '소소필란 협동조합'이 맡고 있다. 영화진흥위원회에서 독립영화 인증을 받은 작품을 주로 상영하고, 한국 독립영화를 우선적으로 소개하며 관객과의 만남도 꾸준히 이어 가는 공간이다.

나는 독립영화 제작자들의 열악한 현실을 곁에서 지켜보며 이들이 지역 안에서 자리를 잡을 수 있기를 바랐다. '시네인디U'는 그 바람을 담아 만든 작은 도시 극장이다.

대전에는 이밖에 '아트시네마', '소소아트시네마' 등 독립·예술영화 상영을 이어가는 민간 영화관들이 있다. 숫자로 보면 초라할지 모르지만 그곳 스크린을 밝히는 건 운영자들의 열정이다. 나는 '대한민국청소년영화제'를 후원하며 미래의 영화인들을 응원했고, '3·8민주의거'를 주제로 한 독립영화 '대전, 1960'의 제작에도 마음을 얹었다.

도시는 이렇게 스스로를 비추는 작은 스크린들을 통해 자기 얼굴을 다시 본다.

콘텐츠 산업, 도시의 새로운 공장

극장이 도시의 감수성을 키운다면, 콘텐츠를 직접 만드는 생태계는 도시의 미래 먹거리를 키운다. 나는 대전이 그 두 가지를 함께 품을 수 있는 도시가 되기를 바랐다. 그래서 목표를 분명하게 세웠다. 2023년까지 콘텐츠 기업 수 4023개를 육성하고, 매출액 1조 7000억 원, 일자리 1만 5000개를 달성하겠다는 계획이었다. 단순한 숫자 나열이 아니라, 도시가 어떤 방향으로 성장해야 하는지에 대한 선언에 가까운 목표였다.

이를 위해 2021년 '대전콘텐츠기업지원센터'를 열었다. 문화체육관광부로부터 '지역거점형 콘텐츠기업 육성센터 조성사업' 유치에 성공하면서 서구 만년동에 지하 1층·지상 6층 규모로 센터를 지었다. 이곳은 대전이 가진 상상력과 기술을 한데 모아 유니크한 콘텐츠를 발굴하고 성장시키는 인큐베이터를 자임했다. 단발성 지원이 아니라 창작–창업–성장으로 이어지는 선순환을 만드는 것이 목표였다.

대전에는 글로벌게임센터, 콘텐츠코리아랩, e스포츠 상설경기장이 있다. 여기에 콘텐츠기업지원센터까지 더해지면서 콘텐츠산업을 위한 클러스터가 갖춰졌다. 각 기관이 따로 움직이는 것이 아니라, 하나의 생태계 안에서 역할을 나누고 이어 주는 구조가 만들어졌다.

그해 가을, '융복합 특수영상 콘텐츠 클러스터' 조성 사업이 예비타당성 조사를 통과하면서 콘텐츠산업은 한 단계 더 도약할 수 있게 되었다. 예타 수행기관인 한국조세재정연구원을 직접 찾아가 대전이 왜 특수영상 거점도시가 되어야 하는지 설명하던 기억이 또렷하다.

대전에는 이미 국내 최대 규모 영화 촬영 스튜디오가 있고, 대덕특구의 출연연을 중심으로 특수영상 촬영·제작·R&D 인프라가 집적되어 있다. 한국판 뉴딜의 핵심이 지역균형이라면 수도권이 아닌 지역에서 특수영상 클러스터를 키우는 일은 국가 전략과도 맞닿아 있었다.

예타 통과로 도룡동 특수영상복합단지 내에 지상 10층·지하 4층 규모의 공간을 마련하게 되었다. 80개 특수영상 기업이 입주할 수 있는 공간과 가상 스튜디오, 영상 후반작업 및 전문인력 양성 공간까지 갖추게 되는 구상이다. '보이지 않는 공장'이라 부를 수 있는 이 시설에서 대전의 미래 영상산업이 단단히 성장할 것이다.

관광 인프라, 도시의 숨을 넓히는 일

도시의 문화 인프라가 실내에서 이뤄지는 작업이라면 관광 인프라는 도시의 바깥 숨을 넓히는 일이다. 대전의 관광인프라 구축은 단시 '구경거리를 늘리는 사업'이 아니라 경제·관광 경쟁력·지역 개발·고용 창출에 직결되는 문제였다.

'보문산큰나무전망대' 조성은 그런 고민의 출발점이었다. 보문산은 대전시민에게 오래된 추억의 산이지만 개발과 환경보전이라는 두 가치가 늘 부딪치는 공간이기도 하다. 민선 7기에서 공약했던 여러 사업들 가운데 상당수가 이 충돌 때문에 유보되었다. 다만 낡고 노후한 보

문산전망대만큼은 새로 지어야 했다. 비록 임기 중 눈앞의 완공을 보지는 못했지만 도시여행 인프라를 위한 필요 사업이라는 생각에는 변함이 없다.

'대청호오백리길' 역시 중요한 관광인프라다. 한국관광공사가 선정한 '언택트 관광지 100선'에 이름을 올린 대전의 대표 코스다. 대전 구간에만 한 해 68만여 명이 찾을 정도로 많은 시민과 관광객이 찾는 길이다. 나는 이 길이 단순한 '산책로'가 아니라, 대전의 얼굴이자 브랜드가 되기를 바랐다. 그래서 '동행명소화 프로젝트'를 추진했다. 신상교 워터프론트 리뉴얼, 추동 생태클러스터 조성, 공정생태관광지원센터 구축, 원점회귀 코스 개발 5곳 등이 대표 사업이다. 길을 따라 걷는 것에서 그치지 않고, 그 길에서 만나는 마을과 사람들의 삶이 함께 살아나야 한다고 보았다.

'대청호오백리길걷기축제'는 이러한 생각을 담은 행사였다. '할로윈&호박축제'는 호박과 할로윈을 테마로 한 축제로, 가족 단위 방문객과 젊은 층으로부터 큰 호응을 얻었다. 이현동 두메마을 주민들이 직접 호박을 재배해 전시하고, 여러 체험 프로그램을 운영하면서 조용했던 대청호변 농촌마을은 많은 사람이 찾는 마을로 변했다. 호박 한 알이 마을의 자존심이 되고, 축제가 주민 소득과 자부심을 동시에 키우는 통로가 되는 경험을 얻었다.

2019년부터는 '대청호오백리길생태테마투어'도 추진했다. 문화체육관광부의 '2019년 생태테마관광 육성사업 10선'에 선정된 덕분에

‘대청호오백리길’을 우리나라 대표 생태테마관광 브랜드로 육성할 수 있었다. 자연을 허투루 쓰지 않고 시민과 관광객이 함께 지켜 나가는 방식으로 이용하는 것, 관광 인프라가 지향해야 할 방향은 결국 그 지점으로 귀결된다고 믿었다.

스포츠 인프라, 도시에 활력을 입히다

문화와 관광이 도시의 감성을 키운다면, 스포츠는 도시의 맥박을 올려 준다. 대전의 스포츠 기반 시설은 다른 광역시에 비해 상대적으로 열악했다. 그래서 스포츠 인프라 구축은 단지 구장을 몇 개 더 만드는 사업이 아니라 도시의 자존감을 회복하는 일이기도 했다.

'대전한화생명볼파크' 조성 사업은 그 상징적인 사례다. 2024년 말 완공해 2025년 개막전에 차질없게 하겠다는 애초 계획이 이뤄져 개인적으로도 큰 보람을 느낀다.

야구장은 경기장이 아니라 도시의 일상을 담는 그릇이어야 한다고 생각했다. 그래서 대전 야구장 조성 사업을 KBO와 논의할 때도 "지역 경제와 연계되는 다목적 스포츠 컴플렉스"를 지향점으로 삼았다.

한밭종합운동장 철거에 따른 불편은 최대한 줄이고자 했다. 대체 운동장은 충남대학교와 대전대학교에 마련했다. 충남대에는 육상경기장을 조성해 시민들에게 개방했고, 대전대 운동장도 시설 개설 공사를 통해 시민들이 이용할 수 있게 했다. 한남대와 배재대 등 지역 대학과도 지속적으로 협의해 한밭운동장 대체 운동장으로 활용했다.

야구장 신축과 함께 한밭야구장과 충무체육관 리모델링도 추진했다. 한밭야구장은 시민야구장으로 개방해 각종 대회를 열 수 있도록 정비했고, K-pop 공연과 지역 예술인들의 야외 콘서트장으로 활용할 수 있게 했다. 외부공간은 시민 휴게 공원으로 조성했다.

충무체육관은 각종 시설을 교체해 경기관람 만족도를 높였다. 경기가 없는 시기에는 축구·야구·스쿼시 등 디지털 체육시설로 운영할 수 있도록 방향을 잡았다. 일 년 중 며칠만 불이 켜지는 공간이 아니라 시민 생활 속으로 들어가는 복합 시설이 되기를 바랐다.

한밭종합운동장의 대체지인 '서남부종합스포츠타운' 조성은 중앙투자심사를 통과하면서 본격적인 추진 동력을 얻었다. 오는 2029년 12월 준공을 목표로 사업이 진행되고 있다. 특히 2027년 하계 세계대학경기대회(하계 유니버시아드) 운영에 차질이 없도록 종합운동장 조성을 2027년 6월까지 마무리하기로 했다.

'서남부종합스포츠타운'이 완공되면, 대전은 비로소 시민이 일상에서 쉽게 체육을 즐길 수 있는 '활력 있는 스포츠 도시'에 한 걸음 더 다가서게 될 것이다.

충청권이 함께 연 유니버시아드의 문

2027 하계 유니버시아드를 충청권에서 열자는 제안은 내가 먼저 꺼냈다. 충청권 4개 시·도의 체육 인프라를 최대한 활용하면 이 대회는 저비용·고효율의 국제대회가 될 수 있다고 봤다. 동시에 충청권의 문화·관광·경제를 세계에 알릴 절호의 기회라고 판단했다. 이 제안에 타 시·도지사들이 동의하면서 충청권 공동 유치가 본격적으로 추진되었다.

2021년에는 4개 시·도지사와 개최 예정 도시의 시장·군수, 대학교 총장, 시·도체육회장, 경제인과 민간단체가 참여하는 '유치위원회 창립총회'를 열었다. 대국민 홍보와 국제대학스포츠연맹, 회원국을 향한 유치 활동이 시작되었다. 그 결과, 대한체육회의 유치신청 도시 선정을 위한 현지실사 등 심의 절차를 거치는 동안 좋은 평가를 받았다. 2021년 6월 문화체육관광부 국제경기대회 유치심사위원회로부터 '2027 하계세계대학경기대회' 유치 승인을 받았고, 기획재정부로부터 사전 유치의향서 제출을 인정받았다.

같은 해 9월, '대한대학스포츠위원회KUSB'를 통해 '국제대학스포츠연맹FISU'에 경기대회 유치의향서를 제출했다. KUSB 위원장과 대한체육회장, 충청권 4개 시·도지사의 연명 서한문에는 이 대회를 반드시 충청권에서 열겠다는 의지가 담겨 있었다.

2022년 1월, 충청권은 미국 노스캐롤라이나주와 함께 후보 도시로 확정되었다. 민선 7기 임기 마지막까지 4개 시·도지사는 혼신의 힘을 다해 대회 유치를 위해 뛰었다. 그리고 2022년 11월, 유니버시아드 개최지로 최종 확정되었다. 공교롭게도, 4명 모두 민선 8기 지방선거에서 연임에 성공하지 못해 그 순간을 함께하지는 못했지만, 의미가 줄어들지는 않았다.

이로써 한국은 1997년 전북 무주 동계유니버시아드, 2003년 대구 하계유니버시아드, 2015년 광주 하계유니버시아드에 이어 네 번째 유니버시아드를 열게 되었다.

이전까지 국내 개최는 한 지자체가 단독으로 추진했지만, 이번에는 충청권 4개 시·도가 힘을 합쳐 세계의 경쟁 도시들을 이겼다. 충청권에서 처음 열리는 국제 종합 스포츠 행사가 된 만큼 지역의 위상도 크게 높아졌다. 도시는 이렇게 협력의 경험을 통해 스스로의 그릇을 넓혀 간다.

e스포츠 경기장, 새로운 세대의 운동장

민선 7기 대전시장에 도전하면서 "대전에 e-스포츠 경기장을 짓겠다"고 공약했다. 어떤 사람은 "전통 스포츠도 부족한데 무슨 e-스포츠냐"고 했지만 나는 이미 세대의 무게 중심이 옮겨가고 있다는 것을 알았다.

e-스포츠는 '2018 자카르타-팔렘방 아시안게임'에서 시범 종목으로 채택되었다. 학생들의 희망 직업 선호도에서도 높은 순위를 차지할 만큼 하나의 산업이자 문화가 되어 있었다. 게임산업은 연간 5조 원 규모의 시장을 가진 유망 산업이고, '4차산업혁명특별시'라는 이름을 내건 대전의 도시 정체성과도 맞닿아 있는 영역이었다.

e스포츠 대회는 국내에서만 연간 200회 넘게 열린다. 전 세계 시청자는 3억 명이 넘는다. 그러나 300석 이상 규모의 e스포츠 경기장은 서울에 두 곳뿐이었다. 수도권과 프로 선수 중심 구조로는 생활 문화로서의 e-스포츠 생태계가 제대로 자라기 어렵다고 판단했다.

시장 취임 이듬해 문화체육관광부와 한국콘텐츠진흥원이 공모하는 'e스포츠 상설경기장 조성 사업'에 출사표를 던졌다. 2020년까지 수도권을 제외한 광역자치단체 3곳에 90억 원을 투입해 e스포츠 경기장을 조성하는 사업이다.

대전시는 엑스포과학공원 내 첨단과학관에 e스포츠 주 경기장을 두고, 50석 규모 보조 경기장과 다양한 부대 시설을 조성하겠다는 계획을 세웠다. 관중석 일부를 경기석으로 전환할 수 있는 가변 객석 존도 운영하기로 했다. 이미 대통령배 아마추어 e스포츠대회 결선을 유치했고, 글로벌 e스포츠 대학 리그 등 국제 대회를 비롯해 국내 전국대회까지 개최한다는 구체적인 계획을 유치계획서에 담았다.

대전에 중부권 첫 'e스포츠 상설경기장' 〈출처 : 한국경제 2021년 9월 15일〉

경쟁자는 만만치 않았다. 부산시는 10여 년간 국내 최대 게임전시회인 '지스타'를 개최해 온 도시다. 과거 스타크래프트 e스포츠 대회에는 10만 명에 달하는 관중을 모았고, 아마추어 e스포츠 선수단 'GC 부산'을 운영하는 등 게임·e스포츠 친화적 인프라를 갖추고 있다. 부산시체육회가 부산e스포츠협회를 종목단체로 승인해 생활문화 영역으로 끌어들이려는 노력도 하고 있다.

광주시는 조선대학교 해오름관에 1005석 규모의 대규모 e스포츠 경기장을 조성하겠다는 계획을 내놓았다. 지역 대학을 기반으로 e스포츠 리그를 운영하고, 관련 아카데미를 신설하겠다고 했다. 인근 무안공항을 통해 중국인 관광객 유치까지 연결하는 구상을 밝히기도 했다. 경남은 창원시와 손잡고 SM엔터테인먼트와 함께 복합문화타운을 조성한다는 방안을 내세웠다.

대전시는 서류평가, 발표평가, 현장평가까지 전 과정을 치열하게 준비했다. 10여 년간 대전시장배 한밭대전을 통해 생활체육으로서 e스포츠에 대한 인식 개선에 힘써온 저력이 있었다. 특히 2018년 자카르타-팔렘방 아시안게임에 한국 e스포츠가 진출할 수 있도록 대전e스포츠협회가 기여한 부분도 있었다. 이런 노력이 종합적으로 평가되어 대전시는 쟁쟁한 경쟁 도시들을 제치고 최종 선정되었다.

2021년 가을, 500석 규모의 주경기장을 갖춘 원형 e스포츠 경기장이 문을 열었다. 중부권 최조의 상설경기장이다. 지역 단위 생활 e-스포츠 기반을 만들고 관련 산업 생태계를 키우는 거점이 되었다.

기존 e-스포츠 생태계가 수도권·프로 선수 중심으로 움직였다면, 앞으로는 권역별 상설경기장을 거점으로 지역 단위 아마추어·동호인 중심 생태계가 만들어져야 한다.

e스포츠 상설경기장은 그 변화를 여는 시작점이다. 생활체육의 장이자, 청년들의 취·창업 기회와 연결되는 공간이고, 나아가 관광과 도시마케팅으로 확장될 수 있는 새로운 인프라다.

도시의 품격은 어디에 기댈 것인가

돌아보면, 대전의 문화·예술·관광·스포츠 인프라를 확충해 온 시간은 눈에 보이는 건물을 세우는 과정이면서 동시에 눈에 보이지 않는 도시의 자존심을 쌓아 올리는 일이기도 했다.

독립영화관의 작은 스크린에서부터 호반을 걷는 대청호오백리길, 야구장과 종합스포츠타운, e스포츠 경기장에 이르기까지 이 인프라들은 결국은 하나로 귀결된다.

"우리는 어떤 힘으로 도시를 키울 것인가."

백범 김구 선생이 말한 '높은 문화의 힘'은 액자 안의 문장이 아니다. 일상의 체육시설, 청년들이 모이는 e스포츠 경기장, 지역 축제를 위해 호박을 정성껏 키우는 마을 주민들의 손길, 독립영화 스크린 앞에 앉은 관객의 숨소리까지 포함한다.

대전이 K-사이언스, K-콘텐츠로 뻗어가는 글로벌 국제도시의 위상을 키워 온 과정은 결국 이 힘을 믿고 쌓아온 시간이었다. 그리고 이 노력은 여전히 진행형이다. 도시는 완성된 작품이 아니라 매일 새롭게 쓰이는 시나리오에 가깝기 때문이다. 어떤 장면을 다음 장에 올릴지는 여전히 우리 모두의 몫으로 남아 있다.

허태정의

결심

기후위기 대응은 미래를 위한 투자

기후위기 대응, 에너지 자립으로

숨이 턱턱 막히는 더위, 40도에 이르는 공기가 여름의 일상이 되었다. 하지만 그보다 더 숨 막히는 것은 우리의 미래다. 언제 쏟아질지 모르는 갑작스러운 비는 마치 하늘이 보내는 경고처럼 느껴진다.

감당하기 힘들었던 장마는 언제 그랬냐는 듯 다시 가뭄으로 이어진다. 2025년 여름 강원도 강릉에서 석 달간 계속된 가뭄은 국가적 재난

대전에 '태양광 R&D센터' 생긴다
〈출처 : 조선일보 2020년 12월 1일〉

사태로 선포될 정도로 심각했다. 가뭄이 끝나자 가을장마가 시작되더니 김장배추가 모두 녹아버렸다는 보도가 쏟아졌다.

대전은 한동안 홍수와 가뭄에서 비교적 자유로운 도시라고 믿었다. 3대 하천의 제방 수위까지 물이 올라온 적도 거의 없었고, 대청댐이 일정 저수율을 지켜주니 가뭄 걱정도 덜했다. '축복받은 도시'라는 말이 과장처럼 들리지 않던 때가 있었다.

그러나 어느 날, 정림동 아파트가 물에 잠기고 유천동 다리가 붕괴되는 사고를 겪으면서 모든 생각이 바뀌었다. TV 속 남의 도시에서 보던 장면이 우리 동네 이름을 달고 뉴스를 타기 시작했다. 그날 이후,

기후위기는 더 이상 뉴스 속 다른 도시의 이야기가 아니었다. 대전 역시 기후위기 지도의 한가운데에 서 있다는 사실을 인정하지 않을 수 없었다.

예전에는 시간당 50㎜ 이상 비가 오면 홍수라고 했다. 이제는 시간당 100㎜ 이상도 '가끔 있는 일' 쯤으로 받아들이게 되었다. '언젠가 닥칠 위기'라고 생각했던 기후변화는 더 이상 미래형이 아니다. 오늘, 지금, 이 순간을 살아가는 우리 모두의 현재형 과제가 되었다. 미적거릴 여유가 없다. 그래서 나는 이렇게 말하고 싶다.

"기후위기 대응은 소비가 아니라 투자입니다."

오늘 쓰는 예산이 오늘만을 위해 사라지는 비용이 아니라, 다음 세대가 설 자리, 도시가 버틸 체력을 만들어 주는 자본이라는 뜻이다.

기후위기, 도시가 먼저 움직여야

나는 2020년 제50회 지구의 날을 맞아 '기후위기 대응을 위한 기후 행동 실천'을 선언했다. 기후변화로 인해 시민이 겪게 될 피해, 그리고 전 지구적 위기에 지방정부도 더 이상 방관자로 남을 수 없다는 생각 때문이었다. 선언은 말로만 끝나서는 안 된다. 그래서 "기후위기 대응 대책 추진을 위해 모든 행정력을 집중하겠다"고 약속했다.

이듬해에는 탄소중립 비전을 선포했다. 기후위기 시대 시민의 안전과 미래 세대를 위한 전략을 만들기 위해서였다. 에너지·교통·녹지 등 다양한 분야의 민간위원과 대전시 주요 실·국장이 함께 모여 범시민 협의회를 구성했다. 탄소중립 실현을 위한 기후변화 대응 방안을 함께 논의하고 심의하는 자리였다.

세계는 이미 '기후변화' 단계를 지나 '기후위기' 단계로 넘어갔다. '탄소배출 제로Zero'는 전 지구적 과제가 되었다. 더 이상 국가만의 과제가 아니다. 도시도, 지방정부도, 시민도 각자의 몫을 나눠 가져야 한다. 대전시는 기후변화대응 기본계획 수립 용역을 통해 국가의 '2050 장기저탄소발전전략'과 연계하여 에너지, 건물, 수송 등 부문별 온실가스 감축 계획과 장기전략을 마련했다. 2030년까지 탄소 배출량 30% 감축을 목표로 삼고, 저탄소형 도시·생활 인프라를 하나씩 구축해 나가기로 했다.

어느 한 부서, 어느 한 기관이 맡아서 해결할 수 있는 일이 아니다. 도시 전체가 같이 고민하고 힘을 보태야 하는 도전적 과제다. 그래서 교통, 건축, 녹지, 에너지 정책을 따로 떼어보지 않고 '기후위기'라는 한 축으로 묶어 바라보려 했다. 도시의 모든 혈관을 한 번에 다시 살펴보는 작업과도 같았다.

그 한가운데에는 교통체계의 전환이 있었다. 전국 최초의 트램 상용화를 중심으로 전기차·수소차 등 그린 모빌리티를 확대해 2027년까지 친환경 교통체계를 완성하겠다는 계획을 세웠다. 탄소중립 사회로 가기 위한 그린 리모델링, 도심 생태·녹지축 연결, '대전형 희망정원 프로젝트', '도심 속 푸른 물길 프로젝트'도 모두 이 흐름 속에서 준비했다.

기후위기가 심각해질수록 질문은 점점 단순해진다. "도시는 앞으로 30년, 50년을 버틸 수 있는 체력을 키우고 있는가." 그 체력의 핵심이 재생에너지다. 태양광·풍력·바이오가스 등 지역 특성에 맞는 재생에너지를 대폭 확대하고, 그 이익을 지역 주민과 공유하면 기후위기 대응과 지역 활력을 동시에 잡을 수 있다.

지금 우리가 바꾸지 않으면 내일은 바꿀 수 없는 재앙이 될지도 모른다. 그래서 '언젠가'가 아니라 '지금, 여기'에서 기후위기 대응을 삶의 방식으로 만들어야 한다. 나는 이 믿음을 가지고 도시의 교통 체계, 하천, 공원, 에너지 정책을 하나씩 손대기로 했다.

스마트 교통도시 조성 위해 대전교통공사 설립

교통 문제도 기후와 맞닿아 있다. 사람이 어떻게 움직이느냐는 도시가 어떤 에너지를 얼마나 쓰느냐와 곧바로 연결되기 때문이다. 서울의 대중교통 이용률은 70%가 넘는다. 지하철 덕분이기도 하지만 버스 이용률 자체가 자가용보다 훨씬 높은 도시다.

반면 대전의 대중교통 이용률은 30%가 안된다. 대중교통 수송 분담률을 보더라도 대전은 전국 특·광역시에 비해 가장 낮은 수준이다. 대전시장으로 취임하던 해인 2018년 기준 대전의 대중교통 분담률은 25.7%로 승용차 이용률 60.6%의 절반에도 못 미쳤다. 서울(59.2%), 부산(43.3%), 인천(37.7%), 대구(30.7%) 등과 비교해 현저히 낮았다. 대전의 낮은 대중교통 수송분담률은 '대중교통 이용의 불편'과 '도시 교통정책의 실패'를 증명한다.

그래서 2019년 초, 민선 7기 교통정책 방향을 새로 세우고 '사람 중심의 안전한 스마트 교통도시 대전'을 선포했다. 새로운 트램이 도입되는 만큼 시내버스·도시철도·택시·공영자전거 '타슈'를 하나의 교통망으로 묶어 어디서나 이동이 편리하고 모두가 안전한 체계를 만들겠다는 구상이었다. 2022년까지 3조 1800억 원을 투입해 도시철도 중심 교통 시스템을 구축하고 시민 중심 교통안전 문화를 확산한다는 것이 기본 방향이었다.

예비타당성 조사를 면제받은 도시철도 2호선 트램이 건설되면 대전에는 간선 철도망 3개 노선이 구축된다. 도시철도 1호선과 3호선 기능을 맡게 될 충청권 광역철도가 동·서와 남·북을 X자 형태로 연결하고, 2호선이 1·3호선을 잇는 순환선이 된다. 이른바 '방사순환형' 구조다. 도시철도 인프라는 이때 1차 완성 단계에 들어간다.

2호선이 완공되면 기존 시내버스 노선을 전면 개편해야 한다. 도시철도와 중복되는 구간은 과감히 정리하고, 대신 틈새 및 오지 지역을 이어 주어야 한다. 급행버스 노선과 전용차로도 확대해 대중교통 분담률을 2030년 50%까지 끌어올려야만 한다. 교통은 결국 '누구의 시간을 덜 힘들게 할 것인가'를 두고 내리는 선택이다. 이 선택을 자동차에서 사람 쪽으로 조금씩 옮겨 놓고자 했다.

두 번째는 대전권 순환도로망 건설이다. 대전~세종~충남~충북을 광역 단위로 연결하는 '대전 제2순환 고속국도' 건설은 총 102.7㎞에 이르는 대규모 사업이다. 충남 공주·계룡·금산, 충북 옥천·보은을 연결하면 대전은 충청권 메가시티의 중심으로 올라설 수 있다. 충청권이 1시간 생활권으로 묶이고 도심 교통 정체도 크게 해소될 것이다.

다음으로 상생발전 광역교통망 및 물류 시설 기반 확충이다. 도시철도 1호선을 세종까지 연장해 대전~세종간 접근성을 높이고 대전~조치원~청주공항을 잇는 44.8㎞의 충청권 광역철도로 대전시민들이 공항을 편하게 이용할 수 있도록 하는 방안이다. 또 동서해안 시대 교두보 마련을 위한 보령~대전~보은(영덕)고속도로와 충청권 · 경북(강원)

권을 연계한 동서 3축과 4축 사이 동서횡단 고속도로를 건설해 수도권 과밀화를 막고 국가 균형발전을 실현한다는 방안이다.

이를 위해 2022년 1월 기존 대전도시철도공사를 대전교통공사로 개편했다. 대전교통공사는 대전시 공공교통혁신 전략을 체계적으로 수행하기 위한 조치였다. 도시철도뿐만 아니라 4차산업혁명을 실현하는 스마트 교통도시 조성을 위해 반드시 필요했다.

도시의 길은 지도 위에 그려지는 선이 아니다. 사람과 물류, 기회와 일자리, 교육과 문화가 어디까지 흘러갈 수 있는지 보여주는 커다란 방향선이다.

'대전형통합교통서비스MaaS'로 교통문제 해결

대전교통공사는 소방차와 구급차 등 긴급차량 우선 신호시스템과 스마트 신호 제어 등 교통 분야에 4차산업 기술을 접목한 인공지능 신호체계를 도입해 도심 혼잡을 개선하고 공유주차 통합관리 플랫폼을 조성해 스마트폰과 네비게이션을 통해 실시간 제공하는 일을 시작했다.

교통수단별 운영 주체가 달라 생긴 시민 불편을 해소하고 하나의 플랫폼으로 최적경로수단 검색과 통합서비스, 편리한 환승이 가능하도록 개선하는 일이었다.

대전 어디서나 5분 이내에 도착하는 정거장, 추가 비용 없이 5만 원으로 충분한 한 달 교통비, 5종 교통수단 환승이 자유로운 '대전형통합교통서비스MaaS'를 구축해 대전 교통의 현안 문제를 해결해 나갔다. MaaS를 이용할 경우, 시민들은 집에서 목적지까지 도착할 수 있는 최적경로의 교통수단을 검색하고 연계 환승으로 이용할 수 있으며, 환승할인 혜택과 한 번에 결제가 가능한 서비스도 누리게 했다.

또한 고속·시외버스와 고속철도 등 더 많은 교통수단 연계 환승이 가능하고, '온통대전' 카드와 민간결제 플랫폼 등 다양한 결제 수단을 이용할 수 있도록 설계했다. MaaS 구축과 함께 트램, 광역철도 운행에 단계별로 준비하며, AI와 빅데이터, 자율주행 기술 등과 연관된 스마트통합관제센터, C-ITS 구축 등을 통해 첨단 스마트교통서비스를 시민에게 제공한다는 것이 주요 골자다.

교통정책의 마지막 목표는 사람이다. 당시 교통사고 사망자는 매년 80명이 넘었다. 특히 노인 무단횡단으로 인한 사망자가 전체의 20%에 달했다. 무단횡단 근절을 위한 시설 개선과 교육이 필요했고, 차량·운전자 중심이었던 교통정책을 보행자·안전 중심으로 바꾸어야 한다는 요구가 커졌다.

목표는 연 사망자를 인구 10만명 당 2.6명인 40명 수준으로 줄이는 것이다. 이를 위해 안전한 보행 환경과 교통약자 안전 환경 조성, 고령 운전자 운전면허 자진 반납, 제한속도 하향 조정 등을 추진했다. 교통안전 문화 확산과 실천은 "나와 이웃 모두를 지키기 위한 사랑의 약속"이라고 생각했다. 시민과 관련 기관이 함께 힘을 모아 이 약속을 지킬 수 있었다.

2018년 85명이던 교통사고 사망자는 2019년 73명, 2020년 62명, 2021년 57명, 2022년 51명으로 꾸준히 줄었다. 2018년 대비 40% 감소했다. 2019년 8337건이었던 교통사고 발생 건수도 2020년 7215건, 2021년 7027건, 2022년에는 6841건으로 감소해 성과가 가시적으로 나타났다. 특히 2021년 보행사망자는 28명으로 전체 사망자 대비 49.1%였는데, 전년도 대비 24.3%나 감소했다.

하지만 정책은 만들어 놓는다고 끝이 아니다. 잠시만 손을 놓아도 금세 원래 자리로 돌아간다. 민선 8기로 넘어가며 2023년 교통사고 사망자는 61명으로 1년 새 19.6% 증가했다. 교통사고 건수도 7398건으로 8% 넘게 늘었다. 수치는 이렇게, 우리가 무엇을 놓치고 있는지를 분명하게 알려준다. 기후위기 대응이 그러하듯, 교통안전 또한 한 번 구축하면 끝나는 구조가 아니다. 꾸준히 관심 갖지 않으면 도시의 안전과 품격은 다시 제자리로 되돌아간다.

도안 호수공원과 갑천 국가보호습지

하천은 도시를 비추는 거울에 가깝다. 도시가 어떻게 자라왔는지, 앞으로 어디로 가야 하는지, 물길 위에 은근히 드러난다. 갑천은 남쪽에서 북쪽으로 대전을 가로질러 흐르다 금강과 합류하는 대전의 대표 하천이다.

대전의 3대 하천 중 가장 크고 긴 하천인 만큼 산책로도 잘 조성되어 있다. 특히 정림동에서부터 만년교까지는 자연 하천으로 환경이 잘 보존되어 있다. 그러나 도안동이 아파트 단지로 개발되면서 이 구간은 개발과 보존이 정면으로 맞부딪치는 공간이 되었다.

'갑천생태호수공원' 조성 사업은 그 긴장 위에서 탄생한 대전의 대표 숙원사업이었다. 이 사업은 추진된 지 16년 만인 2022년 4월 마침내 첫 삽을 뜰 수 있었다. 갑천생태호수공원은 서구 도안동·유성구 원신흥동 일대 갑천친수구역 조성사업 부지 안에 자리 잡는다. 갑천친수구역 전체 면적의 45%에 이르며, 공사비 935억 원이 투입되는 사업이었다.

초기에는 인공호수·아파트 개발 논란으로 2년 이상 지연되기도 했다. 갈등을 풀기 위해 민·관협의체를 운영하고 환경영향평가를 보완하면서 공존 가능한 해법을 찾고자 했다. 과정은 길었고 때로 답답했지만, 그 길에서 시민과 행정은 서로의 논리를 주고받으며 조금씩 접점을 찾아갔다. 그 끝에서야 비로소 착공이 가능해졌다.

호수공원은 갑천, 월평공원 등 주변 자연 자원과 연계해 갑천 생태계의 안정성을 유지하고, 시민들이 여가를 즐기며 이웃과 함께 하는 열린 공간으로 조성되었다. 공원 북측은 테마놀이터와 경작습지원, 이벤트광장 등을 갖춘 시민 참여형 공간으로, 남측은 출렁다리·테마섬·강수욕장·수변광장 등 호수를 경험할 수 있는 공간이 들어서도록 설계했다. 갑천과 연접한 공원 동측에는 생태습지원과 갈대습지원을 조성해 갑천생태습지 지역 내 생물종 다양성과 생태적 건전성을 확보한다는 계획이었다.

갑천 생태호수공원 기공식

준공 예정은 2025년 3월이었지만 다소 늦어져 9월에 개장했다. 16년의 우여곡절 끝에 첫 삽을 뜰 수 있었고, 무사히 개장까지 이어졌다는 사실만으로도 다행이라는 생각이 들었다. '갑천생태호수공원'은 아파트가 밀집한 도안지구의 허파 역할을 하며 도심에서 자연과 함께 쉴 수 있는 힐링 명소가 될 것이다. 도시가 숨을 고를 수 있는 공간은 결국 그 도시 사람들의 숨도 함께 살려 준다.

국가보호습지, 이름만이어서는 안된다

개발과 보존 사이에서 몸살을 앓는 갑천을 두고 고민한 또 하나의 과제가 '국가보호습지' 지정이다. 호수공원과 인접해 있는 갑천 구역은 시민들의 호수 이용이 증가하면서 훼손될 가능성이 높다. 또 인접한 도솔산 자락과 도안지역의 도시화가 본격화되면서 생태계도 망가질 우려가 높은 곳이기도 하다. 이곳은 멸종위기 야생생물 '미호종개'와 '대모잠자리'가 서식하는 곳이다. 국내 유일의 도심 내 습지로 자연성이 높다는 점에서 국가보호습지로 지정을 추진할 필요가 있었다.

2021년 습지 범위에 하천이 포함되는 내용의 '습지보전법'이 개정되면서 갑천도 국가습지 지정을 받을 수 있는 길이 열렸다. 2012년 대전시가 갑천을 습지로 지정해 달라고 신청했지만 '하천'이라는 이유

"개장 한 달 만에 22만 명 몰려" 대전 갑천호수공원 관광명소 급부상
〈출처 : 문화일보 2025년 11월 6일〉

로 반려된 적이 있었다. 제도적 한계가 바뀌면서 다시 한번 도전해 볼 수 있게 되었다. 2022년 초, 환경부에 지정 신청하고 민·관협의체와 함께 시민의 공감대를 확산시켜 나갔다. 그 결과 2023년 6월, 갑천은 우리나라 31번째 '국가보호습지' 지역으로 지정되는 결실을 맺었다.

그러나 이 구역은 지정 이후 표지판 하나 설치하지 못했을 정도로 관리 공백을 빚었다. 2년 동안 예산이 확보되지 않았고 대전시는 환경부 소관이라며 아무런 조치도 취하지 않았다. 2025년이 되어서야 금강유역환경청은 습지보호지역 내 훼손 및 탐방객 안전사고 예방을 위한 울타리를 설치하고 습지 소개와 제한 행위를 알리는 안내판을 설치했다.

기후위기 대응과 생태 보전은 중앙정부와 지방정부 어느 한쪽의 책임만으로는 완성될 수 없다. 제도는 중앙에서 만들 수 있지만 현장을 책임지는 것은 결국 도시다. 이름을 얻은 만큼 그 이름에 걸맞은 관리와 돌봄이 뒤따라야 한다. 자연은 '지정'이 아니라 '돌봄'으로 지켜진다는 사실을 우리는 이 과정을 통해 다시 배우게 된다.

기후위기 대응은 '투자'

지나온 시간을 돌아보면, 기후위기 대응은 에너지 정책 몇 개를 바꾸는 일이 아니었다. 대전의 대중교통 체계를 손보고, 새 야구장을 짓고, e-스포츠 경기장을 만들고, '대청호오백리길'과 '갑천생태호수공원', '갑천국가보호습지'를 조성하는 과정 전체가 '기후와 공존하는 도시'로 가기 위한 밑그림이자 연습이었다. 기후위기는 매일 같은 질문을 던진다. "당신이 오늘 쓰는 예산은 오늘만을 위한 것인가, 아니면 다음 세대가 버틸 수 있는 기반을 위한 것인가." 재생에너지 확대, 트램과 전기·수소차, 저탄소 도시 인프라, 도심 속 푸른 물길, 습지와 하천 복원, 교통사고 사망자 감소 이 모든 시도는 미래세대를 가리킨다.

도시의 수준은 건물 높이에서도, 예산 규모에서도 완전히 드러나지 않는다. 극한 폭우와 폭염 앞에서 시민이 어디로 대피하고, 어떤 교통수단으로 이동하며, 어느 하천에서 숨을 돌리고, 어떤 공원에서 안정을 찾을 수 있는지의 답 속에 진짜 도시의 수준이 담겨 있다.

그래서 나는 다시 한번 처음의 문장으로 돌아간다.

"기후위기 대응은 소비가 아니라 투자다."

오늘의 편리함을 조금 양보해서 내일의 안전과 지속 가능성을 얻어야 한다. 지금 우리가 도시 곳곳에 쌓아 올리는 이 인프라들이 언젠가 다음 세대에게 "그때 제대로 투자해 준 도시"로 기억되기를 바란다.

더 나은 내일을 위한 결심

허태정의

결심

성찰에서 다짐으로

시민들의 날선 평가, 성찰 기회 가져

정치를 시작하면서 정치인이 가져야 할 몇 가지 자세를 마음에 두고 있었다. 그중의 하나가 '수오지심羞惡之心'이다. '스스로를 부끄러워하는 마음'이다. 권력을 가진 정치인이 스스로 경계하는 부끄러운 마음이 없다면 권력에 취해 자기만을 이롭게 하는 정치를 하기 때문이다. 역사적으로 가깝게는 박근혜 정부의 국정농단과 윤석열·김건희의 내란 사태를 보면 알 수 있다. 정치를 한 이후 이 경구警句는 흐트러지기

쉬운 마음을 지지하는 역할을 해주었다.

가끔은 시간이 지난 뒤에야 들리는 말들이 있다. 날 선 평가들이다. 누군가는 “한 것도 없고, 안 한 것도 없다”고 했다. 어떤 이는 “무색무취”라고도 했고, 또 다른 이는 “안이하다”고 했다. 말 한마디에 담긴 온도는 차가웠지만 성찰의 기회도 되었다.

정치는 결과로 말하고 행정은 과정으로 증명된다는 걸 잘 알고 있다. 그러나 때때로 결과도 과정도 제대로 알려지지 못할 때가 있다. 내게 쏟아진 냉혹한 말들 속에는 그런 진실의 일부가 숨어 있다고 생각했다.

돌아보니 정치인으로서 개인적인 마음가짐 못지않게 중요한 것이 리더의 태도라는 점을 깨달았다. 조직 내에서 함께 일하는 사람들에게 명확한 방향을 제시하고 사안을 주도하는 일이다. 상대에 대한 존중은 존중대로 하면서 주도적으로 일을 처리하는 리더로 다시 태어나겠다는 다짐을 몇 번이고 하고 있다.

시장 재임 기간 많은 성과를 거두었고, 시민들을 위해 열심히 일했다. 지역화폐인 ‘온통대전’의 발행과 이를 통한 지역경제 활성화, 성공적인 방역으로 코로나19의 팬데믹 극복, 혁신도시 지정, 제2호선 도시철도 트램의 확정, 공공어린이재활병원 건립, 공론화를 통한 월평공원 문제 해결, 대전한화볼파크 야구장 건립 등과 눈에 보이지 않는 복지, 문화·예술, 과학, 환경 정책은 시민의 일상 안에서 작동했다.

丹齋精舍

임기 중 정부의 예타에 통과한 사업만 해도 13개나 되었다. 도시철도 2호선(트램), 장대 도시첨단산업단지 조성, 안산첨단국방산단 조성, 한국주도형 K-센서 기술개발, 융복합 특수영상 콘텐츠 클러스터 조성, 대전의료원 설립, 호남선 고속화 등을 비롯해 각종 도로개설 사업이 모두 정부로부터 예타를 통과했다. 전부 대전시민들의 염원이 담긴 사업이다. 통과된 총 사업비가 3조 원 가까이 되어 민선 5기와 6기를 합친 1조 9858억 원보다 많다.

하지만 민선 7기에서 이뤄놓은 수많은 정책이 효능감 있게 시민들에게 다가서지 못한 것은 두고두고 아쉽다. 시대적 상황이지만 코로나19 방역에 몰두하느라 시정이 제한적일 수밖에 없었고, 홍보를 제대로 펼칠 수 없었다.

성과를 알리는 데 소극적이었던 내 책임도 크다. 코로나19 방역에 시정의 대부분을 쏟아야 했던 시절, 홍보는 늘 후 순위였다. 나의 성격도 한몫했다. 잘한 일을 잘했다고 말하는 것조차 주저했다. 함께 일한 공무원들이 있었기에 가능했던 성과라 더 조심스러웠다. 그러나 행정은 조용하면 오히려 보이지 않는다. 성과는 말하지 않으면 기록되지 않고, 기록되지 않으면 기억되지 않는다. 그 사이 오해는 빈틈에 스며든다.

시민과의 약속을 지키는 정치

재임 시절 분 단위로 일정을 소화하면서 시정 발전을 위한 밑그림을 그리는 것에 역점을 두었다. 그러면서 이룬 성과에 보람을 느꼈고 자부심도 생겼다. 그것은 바로 시민과의 약속을 지켰다는 점 때문이다.

한국 매니페스토실천본부가 시행한 2022년 민선 7기 공약 이행 평가에서 대전시는 종합 최우수를 받았다. 공약이행 완료 분야(SA등급), 주민소통 분야(SA등급), 웹소통 분야(Pass), 공약일치도 분야(Pass) 등 최고 성과를 거두며 이행 완료율은 88.98%(전국 평균 70.75%)에 이르렀다. 전국 특·광역시 중 1위였다. 유성구청장 시절에도 2014년 매니페스토 평가에서 최우수상을 받았다. 정치와 행정가로서 시민과 약속한 사업은 반드시 지키겠다고 한 신념의 대가다.

정치도 마찬가지지만 행정이 시민과 국민으로부터 신뢰받는 기본은 '진정성'이다. 이를 판단하는 여러 기준 중에 스스로 한 말을 지키는 것이 기본 중의 기본이다. 더구나 선출직에 나서면서 시민과 하는 약속의 무게감은 태산과 같다. 상황이 변했다고 해서 눈앞의 이익을 위해 과거의 말을 부정하는 것은 정치에 대한 국민의 신뢰를 배신하는 일이다.

허태정 시장 "시민 섬기며 4년 헌신하겠다" 〈출처 : 뉴데일리 충청·세종 2018년 7월 1일〉

결심, 하나

"대전시의 모든 권력은 시민으로부터 나온다."

정치와 행정은 시민의 공감을 얻는 것에서 출발해야 한다. 정치를 하고 시민 행복을 위해 일하는 사람의 말과 글은 그 무게감만큼 가볍지 않고 신중해야 하며, 신뢰와 신의를 지켜야 한다. 분명한 메시지, 과감한 실천, 약속을 확실하게 지키는 것이 중요하지만 그 중심은 언제나 시민이다. 이 생각에는 변함이 없다.

허태정의

결심

02

비움으로 얻은 깨달음

세상의 변화를 몸으로 느끼다

2022년 7월 1일, 공직으로부터 해방됐다. 솔직히 말하면 백수가 됐다. 유성구청장 두 번에 대전시장을 역임하며 정치가이자 행정가로 쉼 없이 12년을 달려오다가 멈췄다. 청와대에서부터 따지면 20년 가까운 세월이다. 끊임없이 채워오던 시간이 멈췄고, 비워낼 시간을 맞았다.

머리도 식힐 겸, 공부도 할 겸 해서 캐나다와 미국을 방문했다. 그동

안 나를 그림자처럼 따라와 준 아내와 함께 떠났다. 아내는 와병 중인 장인·장모를 돌보며 묵묵히 살아냈고, 나는 그 옆에서 늘 바쁘다는 이유로 마음만 전하던 사람이었다. 그 여행은 어쩌면 아내에게 건네는 가장 늦은 사과이자 말 없는 감사였다.

캐나다 토론토에서는 올드 토론토의 하버프론트, CN타워, 트릴리움 공원도 둘러보고, 다운타운에 있는 온타리오 미술관과 로열 온타리오 박물관도 방문했다. 로저스센터(야구경기장)에서 열린 '토론토 블루제이스'와 '뉴욕 양키즈'와의 경기도 보면서 즐거운 한때를 보냈다. 당시 '블루제이스'에는 류현진 선수가 있었다.

미국 뉴욕에서는 4대 뮤지엄을 돌아보면서 아내 덕분에 고흐, 모네, 피카소, 시슬리 등등의 작품을 감상할 수 있는 호사도 얻었다. 회화뿐만 아니라 유명한 조각 작품과 공예 등 미술사 전체를 훑어볼 기회이기도 했다. 건축박물관이라 불리는 시카고에서는 천천히 걸으며 아름다운 건축물들을 감상하기도 했다. 보스턴에서는 프리덤 트레일을 따라 걸으며 미국 독립전쟁사를 돌아보기도 했다.

하지만 여유를 즐기기만 한 것은 아니었다. 토론토에서는 대중교통 시스템을 유심히 살펴보았다. 지하철과 트램(스트리트카), 시내버스가 대중교통의 중심축인 도시여서 현재 트램을 건설 중인 우리 대전시와 비슷하다. 토론토의 대중교통은 TTCToronto Transit Commission가 운영하며, 환승 시스템이 잘 되어 있어 다양한 교통수단을 시민들이 한 번에 편리하게 이용할 수 있는 것이 가장 큰 특징이다. 대전에서도 트램이 완공되면 배울만한 시스템이다.

새로운 문화예술 정책에 대한 아이디어도 얻을 수 있었다. 메트로폴리탄 뮤지엄의 입장료 시스템은 독특했다. 하루에 다 볼 수 없을 만큼 고대에서부터 현대에 이르기까지 전 세대에 걸친 방대한 미술품들이 있는 곳인데, 상시 기부금을 내고 입장할 수 있는 시스템이다. 입장료는 30달러지만 뉴요커들은 자신에게 맞는 기부금을 내고 티켓을 받아 입장할 수 있다. 가난한 사람이거나 부자이거나 모든 사람에게 문화와 예술을 향유할 수 있는 기회를 주는 것이다. 참으로 아이디어가 신선했다.

미시간호를 끼고 있는 시카고는 도시 자체가 한 권의 건축물 교과서였다. 강이 척추처럼 도시를 가르고, 건축물들이 서로 어깨를 맞대고 서 있었다. 그 풍경을 바라보며 도시는 늘 '관계' 위에 지어지고, 건물은 혼자가 아니라 옆의 건물을 받쳐주며 일어선다고 생각했다. 강물이 도심의 생태를 이끌 듯 행정도 시민의 하루가 흐르는 길을 만들어야 한다. 대전의 세 개 하천이 떠올랐다. 물길을 따라 도시의 미래가 놓여 있었는데 나는 늘 그 물길 앞에서 정책을 고민했고, 때로는 그 흐름을 읽지 못해 망설이기도 했다.

특별히 보스턴에서의 일정은 참으로 소중했다. 보스턴은 바이오 창업의 메카이고 팬데믹 상황에서 백신을 개발해 폭발적 성장을 이룬 모더나의 본사가 있는 도시다. 이곳에서 만난 재미한인바이오산업협회KABIC 회장인 보스턴대학 김종성 교수와 바이오 제약회사인 '제노스코' 고종성 대표로부터 바이오산업 육성 전략을 배운 것은 무엇보다도 의미있었다.

바이오산업은 중장기 과제다. 약물 하나가 세상에 나오기까지 최소 5년, 보통 10년의 긴 시간이 지나야 비로소 '효과'가 나온다. 기다림이 전략이 되고, 인내가 성과가 되는 세계의 이야기를 들으며 나는 마음 한쪽이 뜨거워졌다. 정치는 왜 이렇게 재촉받기만 하는가. 도시의 시간은 단체장의 시간보다 길고, 정책의 시간은 임기의 시간보다 깊은데 나는 그 긴 시간을 알면서도 늘 '즉각적인 성과'만 요구받아야 했다. 보스턴은 그런 나에게 정치도 '기다림의 예술'이라는 사실을 새겨주었다.

세계의 혁신을 배우다

여행은 단지 여행이 아니었다. 비우려 떠났지만 돌아올 때는 오히려 가득 채워졌다. 토론토는 멈춤을, 뉴욕은 정직을, 시카고는 관계를, 보스턴은 기다림을 가르쳤다. 그리고 나는 알게 되었다. 채운다는 건 무언가를 더 담는 일이 아니라 내 안의 오래된 굳은 생각을 덜어내는 일이라는 것을….

집으로 돌아오는 비행기 안, 창밖의 구름은 무심했지만 내 마음은 무심하지 않았다. 대전시민들을 떠올렸다. 그들의 표정, 그들의 삶, 그들의 기대, 다시 보람을 돌려드리고 싶었다. 고은 시인의 '그 꽃'이 마음 깊이 내려앉았다.

"내려갈 때 보았네 올라갈 때 보지 못한 그 꽃"

모든 것을 내려놓고 나서야 보이는 꽃이 있다. 그 꽃은 시민의 하루였고, 도시의 숨소리였으며, 공직자로서 내가 놓쳤던 작은 목소리들이었다. 멀리 떠나야 가까운 것을 본다는 말의 의미를 이 여행에서 배웠다.

비우러 갔다가 채워져 돌아왔다. 정치는 멈췄지만 마음의 방향은 더 또렷해졌다. 도시는 수치와 예산으로만 움직이지 않는다. 사람의 시간, 사람의 눈물, 사람의 하루가 도시를 만든다는 사실을 비로소 깨달았다.

비움의 4년 동안 얻은 것들

2024년 제22대 국회의원 총선이 다가왔다. 대전과 충청권이 중앙 정치 무대에서 갖는 영향력이나 상징을 키우는 데 나의 역할이 있을 것이라고 생각했다. 정치는 늘 '나서라'는 신호와 '물러나라'는 신호를 동시에 보낸다. 그 갈림길에서 분열이 우려된다는 이유로 나는 한발 물러섰다. 이 과정에서도 비워야 채워진다는 배움이 있었다. 노무현 정부 때 청와대에서 일하기 시작한 이후 거의 20년 가까이 민주당 적을 갖고 있다. 구청장과 대전시장을 역임하며 당의 혜택도 많이 받았다. 출마를 포기하면서 '선당후사先黨後私'의 정신을 지킬 수 있었고, '신의'라는 더 큰 것을 얻을 수 있었다.

2025년 12월, 윤석열의 계엄으로 찬바람 몰아치는 빛의 광장에 섰다. 깃발과 촛불 사이를 스치는 겨울바람은 차가웠지만 사람들의 눈빛은 따뜻했다. 불의에 결연히 행동으로 맞서는 시민들을 보며 "행동하는 양심이 역사를 추동한다"는 말을 눈앞에서 숨 쉬는 진실로 보게 되었다.

윤석열의 탄핵과 파면으로 이뤄진 대통령 선거에서 더 성숙한 정치를 배웠다. 대전시당 공동선대위원장, 중앙당 조직본부 부본부장으로 할 수 있는 몫을 다했다. 아울러 '더민주전국혁신회의' 상임대표로 당원 주권 정당 실현을 위해 궂은일을 마다하지 않았다. 그 과정에서 나는 대전 지역 거의 모든 전통시장을 돌았다. 상인들의 손을 잡고 눈을 맞추며, "요즘 어떠십니까?"라는 진부한 인사를 진심으로 묻는 법을 배웠다.

시민들은 권력의 사유화에 분노했고 뼈를 깎는 혁신을 요구했다. 정치인으로서 그 뜻을 받드는 것, 그것은 선택이 아니라 의무였다. 계엄의 밤을 지나 빛의 광장에 서 있으면 민주주의는 거창한 이념이 아니라 추위를 견디는 사람들의 어깨, 손에 쥔 촛불의 온도로 다가온다. 대선 과정에서 시민 의견을 듣고 새로운 시대의 혁신을 고민하는 일은 그래서 더욱 몸으로 느끼는 배움이었다.

이재명 대통령이 취임한 뒤, 한·미 관세 협상을 진행하는 과정을 지켜보면서 나는 또 다른 종류의 리더십을 목격했다. 인내심과 과감함, 버틸 때 버티고 나설 때는 분명히 나서는 태도, 국익을 지킨다는 것은 결국 누구의 편이 되느냐가 아니라 무엇을 지켜내느냐의 문제라는 것도 더 분명히 알게 되었다.

비움의 지난 4년은 사실 '비워놓은 시간'이 아니라 '단련하고 채운 시간'이었다. 민주주의라는 공공성을 지키면서도 시대의 흐름과 변화 앞에서 어떻게 혁신하고 어떻게 대처해야 하는지를 다시 묻고, 다시 써 내려간 시간이었다.

공공성과 혁신 사이는 늘 긴장 관계

공공성은 공공의 이익을 지키자는 이름으로 속도를 늦추라고 말하고, 혁신은 더 나은 내일을 위해 오늘의 안정을 조금 흔들자고 말한다. 한쪽만 좇으면 도시도, 국정도 한쪽으로 기울어진다. 자치단체는 시민을 위한 서비스와 공공재를 만드는 곳이다. 물과 공기처럼 모두가 함께 쓰는 것을 더 안전하고, 더 공정하고, 더 편리하게 하는 것이 첫 번째 임무다. 하지만 공익을 실현하고 공공재를 창출하려면 언젠가는 변화를 요청해야 한다. 새로운 기술, 새로운 제도, 새로운 서비스, 그게 바로 혁신이다.

혁신이 너무 빠르면 기존 질서가 한꺼번에 흔들리고, 그 틈에서 가장 약한 시민이 먼저 다친다. 반대로 공공성만을 내세워 변화를 끝없이 미루면 도시는 서서히 뒤처지고, 미래 세대의 몫을 깎아 쓴다. 그래서 균형이 중요하다. 필요할 때는 협력과 자율 규제로 혁신을 돕고, 부작용이 감당하기 어려울 때는 적절한 시점에 공공이 개입해야 한다.

나는 이제 공공성과 혁신 사이에서 상생과 균형의 원칙을 붙들고 앞으로의 길을 걸어가고자 한다. 어느 한쪽의 이름만을 크게 외치기 보다는 두 단어가 함께 설 수 있도록 도시의 속도를 조정하는 것이 지난 4년간 배운 일이다. 광장과 여행, 패배와 성찰이 내게 가르쳐준 정치의 또 다른 이름이었다.

결심, 둘

"공익과 혁신의 지속가능한 톱니바퀴를 만들자."

오늘도 세계는 변화하고 있다. 공동체를 존중하며 생존을 위해 혁신한다. 협력과 자율 규제를 통한 혁신, 적정 시점에서의 개입 등 공익과 혁신의 조화가 필수적이며, 실효성 있는 기준과 제도 정비가 요구된다. 최대한의 사람에게 이익이 되도록 일을 추진하고 그러한 이익이 지속가능한 공공의 이익과 혁신의 조화를 이루는 시스템을 만든다.

허태정의

결심

이재명처럼, 노무현처럼

정치 선배와 정치 스승

이재명 대통령, 그를 처음 봤을 때 "수줍음을 많이 타는 사람이구나"라고 생각했다. 2011년 5월 그는 성남시장이었고, 나는 유성구청장이었다. 취임한 지 1년도 채 되지 않았을 때였다. 노무현 대통령 2주기를 앞두고 기초단체장 모임을 경남 김해 봉하마을에서 했다. 그때 만난 그는 전국 언론이 주목하던 인물이었지만 말수가 적었고 조용했다. 대체로 단체장들은 말이 많고 활달한 외향적인 성격을 띤다. 하지만 그는 의외로 잔잔한 미소만 짓고 있었다. 대화를 적극적으로 주도하지도 않았다.

그때만 해도 그는 기초단체장으로서는 드물게 전국적 이슈의 중심에 서 있는 인물이었다. 전임 시장이 쌓아둔 빚으로 성남시가 모라트리움을 선언할 것인가 말 것인가 하는 보도가 언론에 오르내렸다. 그래서 대단히 강단이 있고 강한 리더십을 가진 정치인이라고 생각했는데, 막상 만나보니 속을 꽉 채운 행정가에 가까웠다.

이재명 대통령은 나와 기초단체장·광역단체장 12년을 함께 한 인물이다. 내가 유성구청장이던 시절 그는 성남시장이었고 내가 대전시장일 때 그는 경기도지사였다. 보고 지내온 시간이 꽤나 길다. 그런데도 만날 때마다 놀라웠다. 정책으로 일반화돼 있지 않은 사안들을 선도적으로 제안하고 그것을 시범 사업으로 채택해 선제적으로 치고 나가는 모습은 이례적이었다.

"아! 공부를 많이 하신 분이구나"
"정치적 감각이 탁월하구나"

일하는 속도는 전광석화처럼 빨랐다. 그러니 주민들이 갖는 효능감도 컸을 것이다. 이런 행정을 지켜보며 "정말 일을 잘한다"라는 생각을 지울 수 없었다. 나도 구청장으로서 나름 지지율이 높은 편이었는데, 내가 가진 리더십과 그가 가진 리더십은 달랐다. 성남시의 청년정책, 복지정책 등에서 많은 아이디어를 얻었다. 그래서 이재명 대통령

생활속거리두기
비워 주세요!
자리비움

은 나의 정치 선배다. 그가 21대 대통령 선거에서 낙선하고 나도 재선에 실패한 이후 행사장에서 간혹 보고 문자를 주고받으며 여전히 많은 것을 배웠다.

나의 정치 선배가 이재명 대통령이라면 정치 스승은 노무현이다. 정치에 발을 들인 출발점도 그였다.

"이의 있습니다. 반대 토론을 해야 합니다."

1990년 1월 30일. 통일민주당 김영삼, 민주정의당 노태우, 신민주공화당 김종필이 민주자유당을 창당하기로 하는 3당 합당 선언을 하고 나서 합당을 결의하는 통일민주당 전당대회에서 김영삼 총재가 "구국의 차원에서 통일민주당을 해체합니다. 이의 없습니까?"라고 말하는 순간 노무현 의원이 손을 번쩍 들며 외쳤던 소리다.

제5공화국 청문회에서 초선 의원임에도 불구하고 전직 대통령, 재벌 회장 앞에서 주눅 들지 않고 당당하게 질의하는 모습을 보면서 대한민국에 저런 정치인이 있다는 게 신기했다. 언젠가는 저런 분이 대통령을 하면 좋겠다고 생각했는데, 3당 합당에 공식적으로 반대하는 모습을 보고 그냥 반해버렸다. 게다가 종로구를 지역구로 둔 그가 제16대 국회의원 선거에서 지역주의를 타파하겠다며 안정적인 종로 대신 부산에 출마해 낙선하는 모습을 보면서 "저 사람과 함께 정치를 할 수 있다면 여한이 없겠다"고 생각했다.

그는 김대중 대통령 '국민의 정부'에서 해양수산부 장관을 했고, 2002년 제16대 대통령 선거에 새천년민주당 소속으로 출마했다. 미련 없이 하던 사업을 접고 그의 선거캠프로 달려갔다.

당시 유력한 후보는 이인제였다. 노무현 후보의 지지율은 2% 남짓. 누가 보아도 가파른 싸움이었다. 그러나 나는 그 시절 "어느 쪽이 이길 것인가"보다 "어느 쪽이 옳은가"를 먼저 생각했다. 정치는 바람을 좇는 일이 아니라, 바람의 방향을 바로 세우는 일이라고 생각했기 때문이다. 이인제가 민주당 후보가 되는 것은 인정할 수 없었다. 평생 양지를 따라다닌 사람이었다. 민주당의 역사 속에서 살아오지도 않았던 전형적인 철새 정치인이었다. 통일민주당에서 민자당으로, 그리고 신한국당, 국민신당으로 자신에게 유리한 정당으로 갈아타며 정치활동을 해온 사람이다. 철학도 없고 성실하지도 않은 그에게 대한민국의 미래를 맡긴다는 것이 용납되지 않았다.

노무현 후보는 이익을 따라 움직이지 않았고, 공정을 좇았다. 정의와 공정의 아이콘으로 '바보 노무현'이라는 별명이 붙어 있었다. 능력도 있고 열정도 있고 헌신도 있는 인물이어서 '노사모' 등 많은 국민으로부터 지지를 받았다.

노무현 캠프는 경선 이전부터 소수 정예로 움직였다. 반면 이인제 후보 캠프는 북적거렸다. 어떤 사람은 반 협박조로 나에게 말했다.

"너, 노무현하고 같이 일한다는 거 알면 충청도에서 정치할 수 있을 것 같아?"

나는 단호히 말했다.

"노무현을 지지한다고 이 지역에서 정치할 수 없다면 난 그런 정치 안 할 겁니다"

노 후보는 새천년민주당 경선에서 1위를 하는 대이변을 일으켰다. 이인제는 경선에 불복하고 민주당을 뛰쳐나가 대선에 도전했다. 비겁하게도 경선 결과에 승복하지 않았다. 우리 미래 세대에 가르침을 줄 수 없는 인물이었다.

노무현 후보는 이회창 후보를 2.3%의 차이로 꺾고 대통령에 당선되었다. 그리고 정부 출범할 때부터 나는 청와대에서 일을 시작했다. 당시 대통령께서 지역 균형발전을 늘 강조했는데, 그러한 정책의 일환으로 지역 인재 등용의 기회를 골고루 주었다. 그때만 하더라도 지역 출신이 청와대 비서실에 들어간다는 것은 낙타가 바늘구멍으로 들어가는 일처럼 어려울 때였다.

서울 정치권의 언저리에 있거나 아니면 중앙정부의 고위 관료로 있지 않으면 감히 청와대에서 일할 생각을 하지 못했다. 하지만 대통령께서는 청와대는 물론이고 정부 부처에 영·호남, 충청, 강원, 제주 등 골고루 지역 인재들을 배치했다. 그중 내가 충청 몫으로 청와대에 제일 먼저 들어가게 되었다. 처음에는 정무수석실에 있다가 인사수석실로 자리를 옮겨 경험을 쌓았다.

지금의 허태정은 이렇듯 노무현 대통령으로부터 정치와 행정을 배우고 문재인 대통령 시절 기초자치단체장과 광역자치단체장을 지내며 경험을 쌓았다. 그리고 이재명 대통령을 가까이 보면서 새로운 리더십을 벤치마킹했다.

사람·현장이 삶의 중심

노무현 대통령과 이재명 대통령의 공통점이라고 한다면 바로 사람 중심의 정치다. 노무현 대통령은 정치와 경제의 중심을 국민의 삶에 두는 것을 국정 운영의 핵심 기조로 삼았다. 대통령 취임 후 '참여정부'를 표방하며 국민이 정책 결정 과정에 참여하는 민주주의를 실현하고자 했다.

정치는 결국 국민이 하는 것이고, 국민이 주체가 되어야 한다는 이재명 대통령의 철학도 바로 '사람 중심의 정치'다. 시민이 정치의 객체가 아닌 주체임을 선언하며 민선 7기 시민들에게 약속한 허태정의 '시민주권도시'와 맞닿아 공명共鳴한다.

'사람 중심의 정치'는 모든 정책 결정과 실행의 최우선 가치를 국민 개개인의 삶과 인권, 행복에 두는 정치 철학을 의미한다. 이러한 정치 철학을 실천하기 위해 가장 필요한 일은 안전한 자리보다 현장이 우선이라는 결단이다. 사회적 약자를 배려하고 공동체 구성원 모두의 삶의 질 향상을 추구하겠다는 철학은 실천적 정치의 자세로 구현된다.

아침마다 문을 나설 때 스스로에게 작은 다짐을 한다.

"오늘 하루, 편한 쪽이 아니라 사람 있는 쪽으로 걸어가자."

그 다짐이 결국 내가 하고 싶은 정치의 요약이다. 내 이름을 남기는 정치가 아니라 사람의 삶을 조금이라도 덜 고단하게 만드는 정치, 그 정치가 내가 끝까지 붙잡고 싶은 사람 중심·현장 우선의 정치다.

결심, 셋

“현장과 그 현장의 사람들이 중심이다.”

일을 해나가는 공급자 중심으로 시각과 방법이 제한될 때 거기서 나온 사업이나 정책은 공허할 수밖에 없다. 누구를 위한 일인가를 설정하고 그로 인해 수혜나 피해를 볼 수 있는 사람들을, 그리고 그들이 있는 현장을 모든 것의 중심에 놓아야 한다. 시민 행복을 위해 일하는 사람의 당연한 자세다.

허태정의

결심

백의종군, 중년의 투사

“분란은 안된다” 총선 불출마

“정말 미안하게 됐습니다.”

2024년 3월 14일, 더불어민주당 대전시당 제22대 총선 필승 결의대회. 당시 이재명 더불어민주당 대표가 내 손을 꼭 잡으며 한 말이다. 짧은 한 문장이었지만 그 손끝에서 고마움과 미안함이 함께 전해졌다.

2022년 6월 지방선거를 치르고 2년 가까운 시간이 지났을 그 무렵이었다. 4월 총선을 앞두고 고민에 빠졌다. 모든 뉴스가 총선 출마자에 집중되었다. 개인적으로 정치인 허태정이 앞으로 어떤 정치를 해야 할 지에 대한 고민에 잠을 제대로 이루지 못했다. 이제 나는 어디에 서야 할 것인가. 다시 대전시민을 위한 행정가의 길을 걸을 것인가, 아니면 입법부로 가서 행정을 견제하고 뒷받침하는 역할을 할 것인가. 지방선거를 기다릴 것인가, 총선에 도전할 것인가. 머릿속에는 여러 갈래 길이 동시에 펼쳐졌다.

결론은 총선 출마였다. 정치는 결국 시민의 삶을 위한 것인데 그것이 총선이든, 지방선거든 특별히 가릴 일은 아니었다. 정치 활동의 공백이 길어지는 것도 바람직하지 않다고 생각했다. 총선 출마를 결정하니 지역구는 자연스럽게 '유성을'로 기울었다. 기존 이상민 국회의원 지역구였다. 그는 선거를 5개월 앞두고 공천 탈락이 확실해지자 민주당을 탈당해 국민의힘으로 당적을 바꾼 상태였다.

민주당 안에서는 이미 '유성을' 출마를 준비하던 사람들이 여럿 있었다. 그들은 한때 함께 뛰었던 정치적 동지들이었다. 그래서 더 조심스러웠다. 출마를 준비하는 과정에서 한 사람은 양보의 뜻으로 출마를 접었다. 또 다른 한 사람은 지역구를 옮겼다. 지금도 마음 한켠이 무겁다. 그 빚은 쉽게 잊히지 않는다.

그러던 중 예기치 못한 소식이 들려왔다. 민주당 영입 인재인 황정아 KAIST 교수를 당에서 전략공천 한다는 내용이었다. 당의 방침이 거의 확정적이라고 했다. 이에 반발해 여러 예비후보들이 소속 정당을 옮겼다.

아무리 따져보아도 내가 후보가 될 수 없는 명백한 이유가 있는 건 아니었다. 전략공천에 반발해 경선을 요구해야 할까, 아니면 지역구를 옮겨야 할까. 고민은 깊어지고 침묵은 길어졌다. 그 시기 내 이름이 거론된 지역구가 있었다. 서구갑과 중구였다. 당에서 여론조사를 하며 전략공천을 저울질하고 있다는 이야기가 돌았다. 서구갑은 박병석 전 국회의장이 불출마를 선언해 자리가 비어 있었고, 중구는 황운하 의원이 조국혁신당 비례대표로 방향을 튼 뒤였다.

이 두 지역구에서도 오랫동안 활동해 왔던 많은 정치인이 있었다. 각자의 삶을 걸고 지역을 지켜온 사람들이었다. 소문이 들불처럼 번지자 해당 지역구에서 반발이 일었다. 예비후보들이 긴급 기자회견을 열었다.

S TOUCH
은행동점
222-9288
CRAFT
BOOKCAFE
KITO
소주
맥주
노래방
압구정
민주당
민주당
1
민주당
1
1

마음이 편치 않았다. '유성을'을 고집하면 당의 전략 구상에 부담이 되고, 다른 지역구를 택하면 그곳에서 오래 준비해 온 이들의 공력을 무시하는 꼴이 된다. 주변에서는 "정치에 무슨 양보냐, 도의가 어디 있느냐"고도 했지만 나는 그렇게 받아들일 수 없었다. 나의 출마를 위해 누군가 양보한 적이 있다면 이번에는 내가 양보할 차례라고 생각했다.

후련했다. 오랜만에 허태정다운 결정을 했다고 생각했다. 출마는 내려놓았지만 선거는 남의 일이 아니었다. 나는 다른 후보들의 당선을 위해 현장을 누볐다. 특히 대전시의원 보궐선거에서 더불어민주당 방진영 후보를 도와 당선까지 함께 이끌어냈다. 당원으로서, 또 전 시장으로서 해야 할 몫이라고 생각했다.

시민의 눈높이에서 판단하자.

"정치는 신뢰다."

정치는 언제나 누군가에게 유리하기만 한 게임이 아니다. 때로는 불리한 국면도 맞이하고, 섭섭함과 서운함이 쌓일 때도 있다. 그러나 정당에 몸을 둔 공인은 당의 결정과 국가의 결정을 존중하고 따른다는 원칙이 있어야 한다.

노무현 정부 시절 청와대에서 일하기 시작한 이후 거의 20년 가까이 나는 민주당이라는 그늘 아래 있었다. 구청장, 대전시장을 역임하며 당이 준 기회와 신뢰로 지금까지 왔다. 그러니 공천 문제 하나로 당을 떠난다는 건 나로서는 상상할 수 없는 일이었다.

이를 두고 조승래 의원(유성갑)이 한 유튜브 채널에 출연해 "총선 불출마를 통해 당의 분란을 정리한 허태정 전 대전시장은 대전시장 출마에 정치적 우선권이 있다"고 했다. 경선 지역을 바꾸라는 당의 요청에 분란을 일으키지 않고 불출마로 당을 위해 희생했다며 이런 정치적 헌신은 분명히 존중받아야 한다고 말했다. 정치적 우선권이 있다는 조 의원의 말은 고맙다. 그러나 정치적 우선권 보다 중요한 것은 정치에 있어서의 도리와 신의, 그리고 원칙이다.

정치는 신뢰다. 신뢰가 있어야 그를 바탕으로 시민의 의견을 정치에 반영할 수 있기 때문이다. 균형, 양보와 타협도 정치의 미덕이다. 눈앞의 이익에 따라 움직이는 것이 아니라 원칙을 갖고 미래 비전을 세우는 것, 그것이 대전시민을 위한 정치이며 내가 걸어가야 할 길이고, 당시 미안한 마음을 표현했던 이재명 당대표의 뜻이라고 감히 말하고 싶다.

나의 백의종군이 22대 총선에서 대전 민주당의 싹쓸이 성과로 이어졌다고 할 수는 없다. 하지만 당내 분란을 일으키지 않고 당의 방침을 수용함으로써 잡음 없이 선거를 무난하게 치를 수 있었던 것 만큼은 분명하다. 민주당 당원으로서, 시장을 역임했던 인물로서, 당의 결정을 수용하는 것은 당연한 일이다.

최근 민주당 지도부에는 충청의 이름들이 선명하게 올라왔다. 금산 출신으로 대전 보문고를 나온 정청래 의원이 당대표로 선출되었고, 논산 출신의 황명선 의원이 최고위원으로 뽑혔다. 유성갑 조승래 의원은 사무총장으로 지명되었다. 수석대변인에는 공주·부여·청양 박수현 의원이, 수석사무부총장에는 충북 진천·음성·증평의 임호선 의원이 각각 임명되었다. 충청 출신 여당 당대표는 지난 2019년 청양 출신 이해찬 대표 이후 6년 만이고 여당 사무총장은 20년 만에 처음이다. 정 대표는 결단력과 선명성을, 조 사무총장은 전략과 합리성을 갖춘 인물로 평가받는다.

이렇듯 충청권 정치인들이 당의 심장부에 포진하면서 민선 9기 지방선거 국면에서 본격 제기될 지방 소외와 지방소멸 문제에 돌파구가 열릴 것으로 기대된다. 청년 일자리와 균형발전 전략을 수립하는 데도 큰 힘을 받을 것으로 보인다.

결심, 넷

"실패를 딛고 시민 속으로 돌아가자."

'흔들리지 않고 피는 꽃이 어디 있으랴', 인생을 살면서 시련과 아픔, 좌절을 겪지 않는 사람은 없다. 그 고통과 시련의 세월을 어떻게 받아들이고 선택하는지에 따라 또 다른 기회를 만들거나 제자리걸음을 한다. 벗어나려는 마음과 집착이 강할수록 함께 살고 있는 평범한 시민들의 일반적 상식을 생각하자. 그것이 순리고, 그 마음을 간직하는 것이 신의를 지키는 길이다.

허태정의
결심

힐러 선언, 민주적 카리스마

힐러로서의 리더십

"정치인으로서 지금까지 나의 캐릭터는 무엇이었을까."
"앞으로 내가 만들어 가야 할 캐릭터는 무엇이어야 할까."

되묻게 된다.

"민주적 리더십"

"수평적 리더십"

"소통과 포용의 리더십"

사람들은 나를 두고 이렇게 평가한다. 듣기만 해도 감사한 말이다. 하지만 그것만으로 '충분한가'라고 묻는다면 선뜻 그렇다고 답하긴 어렵다. 정치는 결국 '나는 누구인가'를 묻는 작업이다. 보이는 대로 평가받되 동시에 "어떤 모습으로 기억되고 싶은가"를 정해야 한다. 그래서 나는 내 앞으로의 캐릭터를 이렇게 명명하고 싶다.

'힐러Healer'

정치를 오래 했다고 해서 늘 앞에서 돌진하는 전사가 되어야 하는 것은 아니다. 나는 아군의 체력을 회복시키는 사람, 공동체의 생명력을 되살리는 사람, 그런 '힐러 리더십'을 가진 정치인이 되고 싶다.

게임을 즐기는 사람이라면 '힐러' 캐릭터를 잘 알 것이다. 말 그대로 '치유자'다. 최전선에서 칼을 휘두르는 역할이 아니다. 대신 전장에서 쓰러지려는 아군의 체력을 채우고, 보이지 않는 보호막을 씌워 피해를 줄이고, 능력치를 올려주는 버프Buff를 건다. 중독, 마비, 기절, 혼란 상태에 빠진 동료에게 해독과 회복 스킬을 써서 일으켜 세운다. 어떤 게임에서는 심지어 부활과 같은 기술을 써서 아군을 다시 전장으로 불러오기도 한다. '히어로물' 주인공은 대부분 전투병이지만 게임에서 전투를 끝까지 지탱하는 존재는 '힐러'다. 앞에서 싸우는 사람보다 뒤에서 살려내는 사람이 전황을 바꾸기도 한다.

전투병은 최일선에서 적군과 직접 싸우는 군인이다. 지휘관은 이들 군인이 잘 싸우고 역할을 제대로 할 수 있도록 전략을 짜고, 병참과 보급에 최선을 다해야 한다. 좋은 지휘관은 전장 한가운데에서 지휘봉을 높이 들고 전투에 뛰어드는 것이 아니라 뒤에서 전선을 버텨주는 '힐러'여야 한다.

돌이켜보면 우리 사회는 수없이 많은 상처를 겪어왔다. 경제의 파도에 밀려난 사람들과 재난 앞에서 하루아침에 삶을 잃은 이들, 불평등과 갈등 속에서 목소리를 잃어버린 세대들, 청천벽력 같은 내란의 밤을 겪으며 민주주의의 위기를 경험한 시민들, 그리고 그런 아픔을 묵묵히 견디며 여전히 하루를 살아내는 시민들, 그 모습을 마주할 때마다 나는 나에게 되묻곤 했다.

"이 상처 앞에서 무엇이 될 것인가?"

나는 권력을 쥐고 언성을 높이는 정치인이 되고 싶지 않다. 상처 위에 손을 얹고 고단한 삶 곁에 조용히 앉아주는 사람, 쓰러진 이를 일으켜 다시 걷게 하는 사람, 그리하여 공동체의 회복과 시민의 내일을 다시 세우는 도시의 치유자, '힐러'이고 싶다.

우리의 삶에서 소상공인은 매일 생계의 최전선에서 시장과 맞서고, 직장인은 치열한 노동과 정체성의 고민 속에 하루를 보낸다. 취업을 준비하는 청년은 미래를 향한 불안과 희망 사이에서 흔들리고, 학생은 배움의 여정에서 자신만의 속도를 찾기 위해 애쓴다. 이들이 바로 생활의 최전선에서 공동체를 지키는 시민 전투병들이다. 그렇다면 내가 해야 할 역할은 하나다.

"시민이 다시 일어설 수 있도록 치유하고 회복시키는 것"

경제 위기, 재난, 사회적 갈등 등 공동체를 무너뜨릴 수 있는 요인이 많아질수록 '힐러 리더십'은 더욱 중요하다. 치유의 과정은 단순한 복지나 지원을 넘어선다. 상처받은 공동체를 다시 세우고, 시민들 간의 신뢰를 회복하며, 사회적 연대를 강화하는 정치적 과정이다.

갈등의 정치를 넘어 회복의 정치로

민주주의는 때때로 소란스럽고 아프다. 다른 의견이 충돌하고 가슴 속 깊이 묵힌 상처가 드러나기도 한다. 그러나 나는 안다, 민주주의는 결국 공동체가 다시 연결되도록 돕는 '회복의 예술'이라는 사실을….

내가 추구하는 민주주의는 투표로 대표를 뽑는 제도를 넘어 시민 한 사람 한 사람이 존엄한 주체가 되도록 돕는 과정이다. 그 과정에서 갈등을 조정하고 상처받은 공동체를 회복시키며, 다른 의견이 공존할 수 있는 장을 마련하는 데서 완성된다.

정치는 싸움의 기술이 아니라 갈라진 마음을 잇는 공감의 기술이다. 다른 목소리 사이에 공간을 만들고 도무지 화해할 수 없다고 여겨지는 이들의 마음에도 조용히 스며드는 치유의 언어가 있어야 한다. 나는 이 회복의 예술을 가장 소중한 가치로 삼고자 한다. 민주주의의 품격은 말의 높이가 아니라 상처를 바라보는 눈의 깊이에서 나온다.

지방자치도 마찬가지다. 나는 늘 지방자치를 '생활 위의 민주주의'라 불렀다. 거기에는 중앙 정치에서 느끼기 어려운 생생함과 삶의 온기가 있다. 시민의 숨결이 가장 가까이 들리고, 그들의 고단함이 가장 날카롭게 느껴지며, 그들의 작은 기쁨이 가장 크게 마음을 흔들어 놓는다.

나는 그 온기 속에서 일하는 사람이다. 그래서 정치가 추상화되는 것을 두려워한다. 정책이 삶과 멀어지는 것을 경계한다. 언설이 마음의 언어를 잃어버리게 하는 것을 경계한다. 지방자치는 시민의 손과 발, 그리고 심장이 움직여야 비로소 살아난다. 나는 그 곁에서 판을 깔아주는 사람, 시민이 스스로 삶을 지켜낼 수 있도록 길을 열어주는 사람, 그리고 언제나 가까운 곳에서 시민을 지탱하는 둥근 어깨 같은 존재가 되고 싶다.

지방정부의 가장 본질적인 임무는 시민의 삶을 가까이에서 살피고, 어려움에 귀 기울이며, 생활 현장에서 겪는 문제를 가장 신속하고 정확하게 치유하는 일이다. 그런 의미에서 지방정부는 가장 시민 가까이에 있는 '공공 힐러'이며, 리더는 그 치유와 회복의 프로세스를 총괄하는 '수석 힐러'다. 내가 실천하고자 하는 '힐러 리더십'은 바로 이런 민주주의·지방자치의 정신과 맞닿아 있다.

'힐러 리더십'은 갈등의 정치가 아닌 회복의 정치를 지향한다. 민주주의에서 갈등은 피할 수 없는 현상이지만 갈등을 해결하는 방식만큼은 상처를 최소화하고 공동체를 강화하는 방향이어야 한다.

감정의 골을 메우는 경청의 정치, 상처받은 집단이 다시 참여할 수 있도록 돕는 포용의 정치, 약자를 보호하고 기회를 확장하는 정의로운 정치, 소모적 대립이 아닌 공동 해결을 이끄는 협력의 정치, 이것이 '힐러 리더십'이 지향하는 새로운 정치의 모습이다.

정치 지도자의 가치는 화려한 말이나 거대 담론에서 결정되지 않는다. 공동체 구성원들이 자신의 역량을 온전히 발휘할 수 있는 새로운 공간을 만들고, 그 공간에서 시민 각자가 주인이 되어 삶을 꾸려갈 수 있도록 돕는 것에서 나온다. 이것이 바로 '힐러 리더십'이다.

나는 앞으로도 시민의 곁에서, 시민의 뒤에서, 시민의 가능성을 지키는 보이지 않는 힘, 즉 도시를 회복시키는 '힐러'로서 끊임없이 성장하고 정진할 것이다.

'힐러'의 다짐

나는 더 이상 느린 치유를 두려워하지 않겠다. 상처가 깊을수록 시간을 들여야 한다는 것을 알기 때문이다. 나는 더 이상 조용한 목소리를 외면하지 않겠다. 민주주의는 가장 작은 목소리에서부터 시작된다는 것을 믿기 때문이다. 나는 더 이상 혼자 앞서 달리지 않겠다. 리더란 앞에서 질주하는 자가 아니라 다른 이들의 속도에 맞춰 주는 사람임을 알기 때문이다.

나는 이 결심을 나 자신에게 새기듯 다시 한번 적는다. 나는 '힐러'로서 도시를 보듬겠다. 나는 '힐러'로서 시민의 상처를 들여다보겠다. 나는 '힐러'로서 민주주의와 지방자치를 지켜내겠다. 이는 단순한 정치적 다짐이 아니다. 앞으로 남은 내 인생의 길을 결정짓는 길잡이며 시민 앞에서, 그리고 나에게 지키고 싶은 마지막 약속이다. 이 도시와 함께 다시 일어서겠다. 시민의 손을 붙잡고 더 따뜻하고 단단한 미래를 건너가겠다.

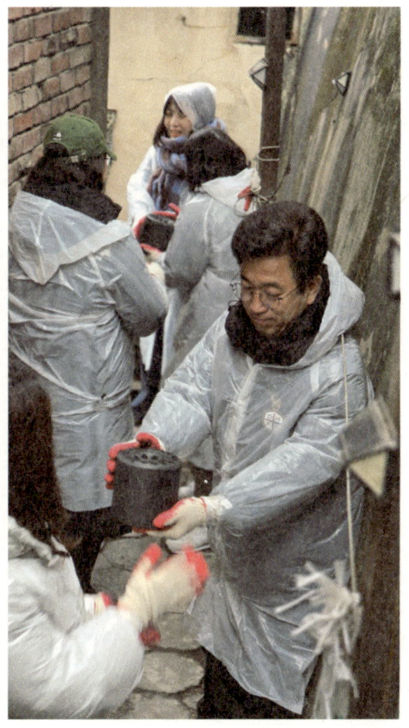

결심, 다섯

"정치인은 공동체를 위해 판을 깔아주는 사람이다."

바람직한 리더상은 시대적 상황과 처해있는 공동체의 현실에 따라 다르다. 정치를 하는데 있어서 가장 중요한 것은 공동체를 유지하고 공고히 하는 것이라고 본다. 생각이 다르고 시각이 다르더라도 각자의 위치에서 공동체를 깨지 않고 강화하려는 노력이 있을 때 정치를 비롯한 모든 분야가 발전할 수 있다. 그 각자의 구성원이 작지만 중요한 역할을 하도록, 그리고 역량을 최대한 발휘하도록 판을 깔아주는 리더가 지금의 시대에 필요하며 그러한 사람으로 끝없이 성장하고자 한다.

허태정의

결심

서두르지 않고 뚜벅뚜벅

초심을 잃지 않고 시민을 향해 걷는다

"아! 좀 천천히 가요."

등산을 가면 뒤에서 따라오던 후배들이 가끔 이렇게 항의하듯 말한다. 나는 나름 천천히 걷고 있다고 느끼는데 숨이 턱까지 찬 사람들 눈에는 그렇게 보이지 않았던 모양이다. 초등학교 때 핸드볼 선수를 했고, 그 이후로도 운동을 꾸준히 해왔다. 체력 하나는 자신이 있었다.

산은 나를 '무념무상의 세계'로 데려다주는 공간이었다. 머리가 복잡해질 때, 풀리지 않는 문제가 쌓일 때, 나는 회의실 대신 산을 찾았다. 혼자 묵묵히 한 발씩 내딛다 보면 어느새 일행보다 훨씬 앞서가 있는 나를 발견하곤 했다.

그때 깨달은 것이 있다. 정상에 먼저 오르고 싶다고 숨 가쁘게 속도를 끌어올리면 오래 못 간다. 그렇다고 '세월아' 하며 한참을 쉬다 오르는 것도 지치기는 마찬가지다. 등산은 결국 리듬의 문제다. 호흡과 보폭을 맞춰 뚜벅뚜벅 똑같은 속도로 올라가면 어느 순간 정상은 자연스럽게 눈앞에 와 있다. 그럴 때면 양사언의 시조가 떠오른다.

태산이 높다 하되 하늘 아래 뫼이로다
오르고 또 오르면 못 오를리 없건만
사람이 제아니 오르고 뫼만 높다 하더라

게으름과 핑계를 향한 경고이면서 도전과 인내에 대한 단순하지만 강한 선언이다. 정치와 행정도 다르지 않다. 초심을 잃지 않고 조급해하지 않으면서, 목표를 향해 꾸준히 걸어가는 사람에게만 결과는 천천히, 그러나 확실하게 다가온다.

민선 8기 지방선거를 한 달 남겨놓고 시장직을 내려놓았다. 본격적인 선거전으로 뛰어들었다. 이미 대선에서 민주당이 패배한 뒤였다. 분위기는 무거웠다. 충청권 광역단체장 선거가 쉽지 않을 거라는 여론조사 결과가 연일 이어졌다. 민주당의 절대 우위 지역이라 여겨지던 세종시장 선거조차 녹록치 않은 상황이었다. 나도 현실을 모르지 않았다. 집에서 아내에게 조심스럽게 말했다.

"이번 선거는 쉽지 않겠어. 앞으로 잠을 1~2시간은 덜 자야 할 것 같아."

대선의 여파가 남아 있고 현직 시장 프리미엄이라는 것도 체감하기 어려웠다. 할 수 있는 것은 하나였다. 더 치열하게 거리와 골목을, 사람과 사람 사이를 누비는 것뿐이었다.

시간이 지나면서 조금씩 기류가 달라졌다. 마지막 방송 3사 여론조사에서 근소하게나마 승리한다는 결과가 나왔다. 하지만 당일 투표율이 48%에 머물렀다. 불안한 예측은 틀리는 법이 없다. 밤 11시 넘어서도 벌어진 차이는 좁혀지지 않았다. 결국 최종적으로 2.39%포인트 차이의 격차를 넘지 못했다. 충격이 컸다. 결과를 되돌릴 수는 없지만 복기는 해야 했다.

대통령 선거의 여파, 정치 지형의 변화 같은 외적 요인은 내가 통제할 수 있는 부분이 아니었다. 결국 화살은 나에게 돌아왔다. "열심히 했다"는 내 나름의 평가와, "그래도 부족했다"는 이들의 평가는 서로 다른 문장일 수밖에 없다. 유권자에게 충분한 신뢰를 주지 못했다는

사실, 그 책임만큼은 피할 수 없었다. 전국적인 패배였지만 내 선거 결과는 오롯이 후보자인 내가 짊어져야 했다. 나를 지지해준 시민들에게 이 글을 통해서라도 거듭 고개 숙이는 이유다.

캐나다와 미국을 방문해 몇 달 생활하고 돌아왔다. 번민하면서 스스로 돌아봤고 부족함을 채우는 연단의 시간이 되었다. 부족했던 부분을 인정하고, 무엇을 비워내야 다시 채울 수 있을지 처음부터 다시 묻는 시간이었다. 돌아보면 그 몇 달은 멈춤이 아니었다. 발걸음만 잠시 멈췄지 내 안의 생각과 각오는 한 걸음 더 앞으로 나아가고 있었다. 정상에 오른 사람만 산을 아는 게 아니다. 중턱에서 숨을 고른 사람도 내려오는 길에서 산의 또 다른 얼굴을 본다. 정치도 마찬가지다.

그대는 나날이 변덕스럽지만
지리산은 변하면서도 언제나 첫 마음이니
행여 견딜만 하다면 제발 오지 마시라

어느 날 프로야구 경기를 시청하던 중이었다. 전년도 꼴찌에 가까웠던 팀으로 2024 리그를 시작한 한화이글스의 경기였다. 한 야구팬이 들고 있는 화면 속의 도화지 글씨가 눈에 쏙 들어온다.

"포기하지 마! 우리도 너 포기 안 했어"

화면 속 문장이 마치 나에게 하는 말처럼 들렸다. 고비 고비 힘들 때마다 나 자신에게 누누이 되뇌었던 말이기도 했다.

우보천리牛步千里라고 했다. 한 걸음 한 걸음 우직하게 걸어 천리를 간다는 말이다. 한화 이글스가 비록 연패를 당하기도 하고, 때론 크게 질 때도 있었지만 한 경기 한 경기 최선을 다하다 보니 어느덧 한국시리즈에 진출하지 않았던가. 기적은 한 번에 만들어지지 않는다. 버티는 마음과 작은 전진이 어느 날 '결과'라는 이름으로 모습을 드러낼 뿐이다.

지난 4년을 돌아보면 뼈아픈 패배와 조용한 깨달음이 나란히 서 있다. 배우고 깨달은 것이 있다면 결국 정치의 본질은 거창한 담론이 아니라 시민의 삶을 한 칸이라도 앞으로 옮기는 일이라는 사실이다. 정치 판단의 기준도, 정책의 우선순위도 결국은 시민이어야 한다. 그래서 나는 다시 결심한다. 앞으로 어떤 비난이 나를 향해 오더라도 어떤 오해와 공격이 정치판을 흔들더라도 기준은 단 하나,

"시민이 우선이다."

정상까지 한 번에 뛰어오르려고 하지 않겠다. 산은 천천히, 그러나 끝까지 걷는 사람의 것이다. 나의 정치 여정도 마찬가지다. 서두르지 않고, 핑계 대지 않고, 초심을 잃지 않고, 오늘도 나는 뚜벅뚜벅 시민을 향해 걸어가기로 한다.

결심, 여섯

"초심을 잃지 않고 인내하며 정진한다"

시련과 좌절의 시간은 유난히 긴 것처럼 느껴진다. 후회와 아쉬움, 상처로 그 자리에서 멈춰버리고 싶은 마음이 크다. 그러나 우리가 살고 있는 사회도, 모두가 추구하는 꿈도, 더 나아질 것이라는 희망으로 힘든 시간을 버틴다. 시민이 행복해지고 나 자신도 행복해지는 꿈을 위해 오늘도 포기하지 않고 뚜벅뚜벅 걸어간다.

허태정의

결심

시민과 함께 더 큰 비상을 꿈꾸며

앞으로 대전에는 인구 변화, 일자리 혁신, 골목 경제 회복, 미래 교육, 건강한 돌봄 등 시민의 삶을 직접적으로 개선할 수 있는 비전이 필요하다. 일상의 작은 변화에서부터 도시 전체의 질적 성장, 초광역 도시로의 경쟁력까지 책임질 수 있는 준비된 리더가 필요하다. 나는 소통과 실행력, 정책 기획과 조정 능력, 그리고 현장의 고민을 반영해 행정 경험을 바탕으로 대전의 다음 100년을 시민과 함께 열어가려고 한다.

시민과 함께 만드는 새로운 길, 함께 가는 길이 넓어질수록 대전은 더 크게 비상할 수 있다. 시민이 곧 대전의 힘이며, 행정은 시민의 목소리에 귀 기울이고 실질적 해답을 제시하기 위해 존재한다. 나는 이제 시민과 함께 더 큰 내일을 만들기 위한 방안을 제시하고자 한다.

AI 융합도시로 도약

이재명 대통령이 국정연설을 하면서 2026년 예산안에 약 10조 원을 투입해 "AI 시대 고속도로를 열겠다"고 말씀하셨다. 이미 취임 이전부터 대한민국을 AI 3대 강국으로 도약시키겠다고 했다. 경주 APEC에 참석한 젠슨 황 '엔비디아NVIDIA' 최고경영자CEO는 한국 정부와 기업에 2030년까지 AI 인프라의 핵심인 고성능 그래픽처리장치GPU 26만 장을 공급하기로 했다. 이제 AI 시대가 우리 앞으로 훌쩍 다가왔다.

지난 2019년 미국 실리콘밸리에 위치한 '엔비디아'를 방문한 적이 있다. 그때 대전의 AI 융합도시 방향에 대한 깊은 영감을 얻었다. '엔비디아' 소속 한인 공학자와 만나 글로벌 대기업의 플랫폼 서비스 전략과 AI 기술의 확장 방향에 대해 논의하면서 AI와의 융합기술이 도시 발전의 핵심 요소가 될 수 있음을 확신했다.

세계적 AI 기업으로 성장한 '엔비디아'가 '소프트뱅크' 등 글로벌 자본으로부터 막대한 투자를 받아 혁신 생태계를 확장해 온 과정은 대전이 미래 산업정책을 설계하는 데 매우 중요한 시사점을 제공한다.

대전은 과학기술의 중심지로서 'AI 빅텐트'와 같은 대규모 혁신 플랫폼을 통해 미래도시 청사진을 선도적으로 그려갈 충분한 역량을 지니고 있다.

AI 융합도시 비전은 기술적·산업적·사회적 측면에서 대전의 전방위적 성장 가능성을 제시한다. 대전이 지닌 잠재력을 기반으로 '4차 산업특별시 시즌2' 정책을 보다 구체적이고 전략적으로 재정립해야 할 필요성을 말해준다. 또한 세계의 스타트업·벤처캐피털이 대전의 경쟁력을 인지하고 협력할 기회를 확대하는 것이 중요하다는 점에서도 깊은 통찰을 얻을 수 있었다. 예컨대 실리콘밸리에서 '테슬라 킬러'로 불리는 스타트업이 등장하고, 대규모 투자를 기반으로 혁신 제품을 세계 시장에 진출시키는 모습을 보며 대전 스타트업 생태계 또한 글로벌 시장을 목표로 성장 전략을 재정비해야 한다는 필요성을 깨달았다.

당시 실리콘밸리에 있는 기업들에게 유성구 둔곡동 국제과학비즈니스벨트 거점지구 내 외국인 전용 투자단지 조성과 최대 50년 간 무상임대 및 조세 감면 등을 제시하며 투자 유치를 제안하기도 했다. 세계의 스타트업과 벤처 캐피탈들이 대전의 경쟁력을 알고 투자를 해온다면 AI 기반 산업생태계를 구축하는 데 중요한 밑거름이 될 것이다.

대전의 AI 융합도시 비전을 실현하기 위해서는 대덕연구단지와 연계한 개방형 '테스트베드' 구축이 핵심이다. 대덕연구단지는 국내 과학기술 연구의 심장부로 다양한 AI 연구 및 실증 역량이 축적되어 있다. 여기에 'AI+X(다양한 첨단산업 등) 국가실험장'이라 불리는 AI 기반 '실증화산업단지'와 결합하게 되면 산업·연구·교육이 연결되는 종합적 실험 플랫폼이 된다. 이는 AI 기술이 실제 산업 현장에서 어떻게 구현되고 활용되는지를 검증하며, 도시 문제 해결을 위한 혁신적 솔루션을 도출하는 필수 기반이 될 것이다.

특히 대전은 'AI+X'를 중심으로 바이오, 반도체, 국방, 에너지, 로봇 등 다양한 산업 분야와의 융합을 통해 글로벌 수준의 산업생태계를 조성해야 한다. 단순한 기술 도입을 넘어 대전의 지속 가능한 성장과 국제 경쟁력을 확보하기 위한 핵심 전략이다. '대전형 바이오 혁신 클러스터', '대전 로봇밸리' 등이 구축된다면 대전은 AI를 기반으로 첨단산업의 주도권을 더욱 확실히 확보할 수 있을 것이다.

아울러 기후 위기 대응을 위한 AI 기반 '스마트 그린시티' 모델 개발에도 적극 나서야 한다. 에너지 최적화 시스템, 스마트 그리드, 에너지 빅데이터 허브 구축 등은 대전이 친환경·지속 가능성을 확보하는 데 중요하며 도시의 새로운 성장 모델을 제시하는 기반이 된다.

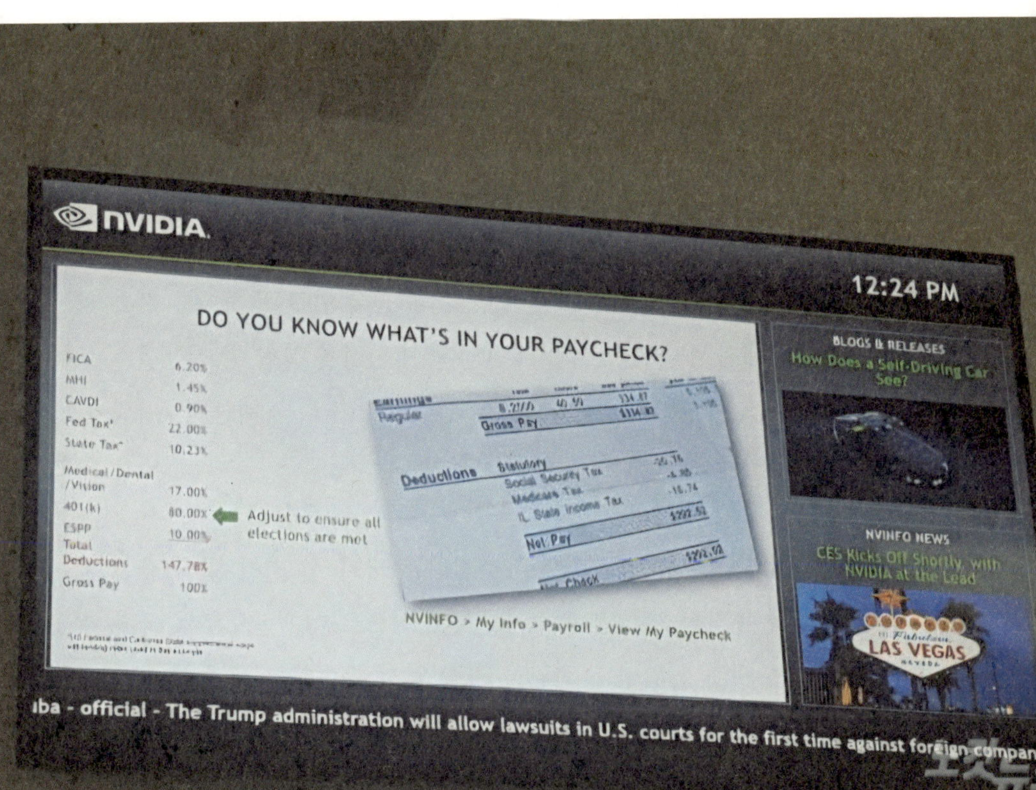

"인재는 실리콘밸리에도 많아…명확한 방향 중요" 〈출처 : 노컷뉴스 2019년 5월 10일〉

AI 기술의 확산은 시민의 삶과도 밀접하다. 시민 참여 확대를 위해 'AI+X 꿈나무 과학 멘토링'과 같은 프로그램을 확대하고 디지털 격차 해소, 취약계층 지원, '과의존 치유 시스템' 등 사회적 가치 실현을 위한 AI 정책을 함께 추진해야 한다.

AI 융합도시는 기술만으로 완성되는 것이 아니라 인재 양성과 병행되어야 한다. 정부 역시 AI 산업 육성과 인재 양성을 국가 전략의 중심에 두고 있다. 대전은 KAIST·충남대학교·한남대학교 등 우수한 교육·연구기관이 밀집한 지리적 강점이 있다. 이러한 인적 자산을 기반으로 대학–연구기관–산업계가 연결된 개방형 AI 교육·연구 생태계를 구축한다면 지역에서 배출된 인재가 대전의 혁신 성장을 직접 이끄는 선순환 구조를 만들 수 있다. 단순한 인력 공급을 넘어 지속 가능한 AI 생태계를 형성하는 핵심 동력이 될 것이다.

특히 이재명 정부가 역점적으로 추진하는 국가 AI 전략 및 신산업 육성 정책과 유기적으로 연계해 이를 선도적으로 이행함으로써 국가가 지향하는 미래 산업구조 전환을 가장 앞서 구현하는 모델 도시를 만들어야 한다. 이러한 정부와 지자체 연계 전략은 대전의 정책 추진 속도를 한층 높이고 국가적 혁신 아젠다를 현실화하는 데 중요한 역할을 하게 될 것이다.

이로써 지역 산업 경쟁력 뿐 아니라 국가 산업 경쟁력 향상에도 크게 기여할 것이다. AI 융합도시 대전의 비전은 지역을 넘어 국가 경쟁력 강화라는 목표를 제시한다. 이제 AI는 선택이 아니라 생존이다.

대전·세종·오송 바이오 클러스터 구축

대전은 R&D 중심의 바이오 클러스터다. 대덕특구내 바이오연구기관이 27개(2023년 12월 기준), 바이오연구소 기업은 15개(2025년 12월 기준)다. 특구내 총 1300여 개의 입주기업 중 바이오기업 수는 295개(2023년 12월 기준)로 22.7%를 차지하고 있다. 2024년 9월 기준 대전 상장기업의 42%가 바이오 분야로 대덕특구가 국내 최대 바이오 연구·벤처 집적지임을 보여주고 있다.

충남대병원과 건양대병원, 을지대병원 등 3개 대학병원이 '인체유래물은행'을 공동으로 운영하고 있고, 병원체자원 공용 연구시설을 구축한 상태다. 또 한국생명공학연구원, LG생명과학 등 연구원들의 분사 창업Spin-off 기업들이 다수 있다. 바이오헬스케어협회를 중심으로 1세대 바이오벤처부터 신진바이오기업까지 모여 자생적 네트워크도 이미 구축되어 있다.

이를 하나로 모으고, 연계하여 혁신 성장을 지원하는 체계가 필요하다. 대전시는 자체적으로 바이오혁신플랫폼을 구축해 바이오창업을 총괄하고 실증할 첨단시설을 확보해 왔다. 그리고 이들이 모이고 교류하는 비즈니스 플라자를 만듦으로써 명실상부한 바이오 도시로 우뚝 섰다.

2019년 4월 나는 미국 보스턴 랩센트럴을 방문하여 대전-보스턴 민간협력 네트워크 구축을 위한 업무협약을 체결하고 대전의 경쟁력 있는 바이오 기업이 미국 보스턴에 성공적으로 진출할 수 있는 교두보를 마련하였다. 아울러 뉴잉글랜드 지역 한인바이오산업 종사자가 소속된 '재미한인바이오산업협회KABIC'와 대전에 위치한 바이오헬스케어협회, 대전시가 MOU를 체결했다. 대전에서 성장 잠재력이 가장 높은

허태정 대전시장, 바이오기업 보스턴 진출을 위한 교두보 마련
〈출처 : 타임뉴스 블로그 2019년 4월 18일〉

산업이 바이오 분야인 만큼 선택과 집중을 통해 바이오산업을 적극 육성하겠다는 의지를 표출했다.

이러한 의지는 2021년 정부 주도의 K-바이오 랩허브 유치로 이어졌다. 비록 인천 송도가 최종 선정되면서 대전시의 노력은 아쉬움으로 남았지만 이와는 별개로 '대전형 바이오랩허브' 추진의 일환으로 '대전바이오창업원'을 설립했고 유성구 원촌동 시설관리공단 부지를 활용한 대전바이오클러스터 조성계획을 수립했다.

이제 남은 과제가 있다. 대전과 세종·오송을 연결하는 광역 바이오클러스터 구축이다. 충청권이 바이오산업 전진기지가 되어야 한다는 청사진이다. 국제과학비즈니스벨트 내 바이오 거점 지구인 신동-둔곡지구 개발이 완료되고 나면 이를 충청권과 연계해 역량을 결집해야 한다. 대전이 보유한 바이오 기술을 충남과 충북, 세종에 지원하여 신규 벤처 창업을 도울 수 있게 된다. 이른바 광역화에 따른 시너지 효과다.

반경 30km 내에 조성되는 '대전-오송-세종 첨단바이오 산업단지'의 핵심 콘텐츠는 첫째 대전-오송간 CDMO(위탁개발생산) 밸류체인 구축, 둘째 신약(대전), 임상(충청), 인허가와 생산(오송)으로 이어지는 바이오의약 밸류체인 구축, 셋째 디지털 헬스케어산업 지원센터 설치와 디지털 바이오 산업 성장 및 인허가로 이어지는 디지털바이오 생태계 조성이다.

이러한 충청권 연계 첨단바이오 산업단지는 '경제자유특구'개념을

초월한다. 인접 지역 간 광역화의 관점에서 산업뿐 아니라 교통, 교육, 문화 등 일상생활을 공유하는 경제공동체의 마중물로서 역할을 할 것이며, 그 과정에서 자연스럽게 전후방 밸류체인의 형성이 이루어져 자립의 선순환 경제생태계를 창출할 수 있다. 시작 단계에서부터 글로벌 시장진출을 염두에 두고 해외와의 네트워크, 외국인 전용 투자단지 조성 등이 병행되어야 한다. 도약을 더 이상 미룰 수 없다.

골목경제와 소상공인 살리기

2025년 현재 대전의 소상공인·골목상권은 소비 위축과 경기 침체가 중첩되며 전반적으로 어려움에 직면해 있다. 국세통계포털 사업자 현황에 따르면 2025년 4월 기준 커피·음료점은 3116개로 전년 대비 101개 감소했고 분식점도 117곳이 줄었다. 편의점 역시 20곳 줄어드는 등 외식업·도소매업 전반이 감소세를 보이고 있으며 프랜차이즈 수도 축소됐다. 한국은행 대전·세종·충남본부 소비자동향조사에 따르면 2025년 5월 현재 생활형편지수는 86으로 기준치 100을 밑돌아 시민이 체감하는 지역 경기 침체가 확인된다.

임대료 상승, 원자재 가격 인상, 팬데믹 이후 소비패턴 변화 등 구조적 요인은 자영업자의 생존 부담을 가중시킨다. 한국은행 대전세종

충남본부 분석에 따르면 2024년 대전 자영업 폐업률은 10.39%로 전국 평균보다 높은 수준이며, 도소매·음식숙박업을 중심으로 폐업이 창업을 웃도는 흐름이 확인된다. 또한 대전세종연구원 〈대전광역시 지역화폐 '온통대전' 얼마나 통했을까?〉 연구 결과에 따르면 펜데믹 기간 동안 유성구·서구는 생활 밀접 상권임에도 점포당 월평균 '온통대전' 사용 건수는 59건(115만원)인 반면, 동구·대덕구 원도심은 31건(69만원)으로 지역별 매출 편차가 두 배 이상 벌어진 것으로 확인된다.

'온통대전'은 출시(2020년 5월) 이후 빠르게 확산되어 같은 해 8월 기준 만 14세 이상 대전 시민 128만 명 중 40만 6000명이 가입해 가입률 31.7%를 기록했다. 2021년 7월 말 기준 누적 발행액은 약 1조 324억 원, 앱 누적 가입자는 약 65만 명 수준까지 증가했으며, 가맹점은 약 6만 곳에 이르는 것으로 보고되었다. '코로나19' 시기 온통대전 효과를 분석한 연구에서는 이용자 대상 만족도 조사에서 82.7%가 만

족한다고 응답해 지역화폐의 긍정적 효과를 확인한 반면, 업종·지역별 매출 쏠림과 원도심·소외계층 지원의 한계도 함께 지적되었다.

민선 8기 들어 적립률 및 발행 규모 축소와 함께 '온통대전'이 '대전사랑카드'로 개편되면서 지역사회에서는 골목경제·서민경제 지원 기능 약화와 축소 운영에 대한 비판과 제도 개선 요구가 제기되고 있다.

민선 7기 시정 경험을 통해 골목 경제의 취약성과 회복력 강화를 위한 기술·행정적 접근이 필수적임을 분명히 보여주었다. 상인 의견과 현장 데이터, 상권 분석, 지역화폐의 성과와 한계를 반영해 정책 설계를 해야 한다는 점은 변함없는 원칙이다. 골목상권의 혁신과 체질 개선은 지역 경제생태계의 건강성과 직결된다는 인식 아래 도시 내 격차 해소, 상권 디지털 전환, 문화 기반 활성화, 전통시장·신규 상점가·청년창업 육성 등 다차원적 전략이 추진되어야 한다.

소규모 점포, 청년상인, 사회적경제기업, 자영업자 등 다양한 경제주체가 정책 설계 과정에 직접 참여하는 참여형 거버넌스가 정착되어야 한다. 이를 통해 '작지만 강한 성장'이라는 골목 경제의 본래 가치가 실현될 수 있다. 정책의 일방적 전달이 아니라 시민 모두가 변화의 주인이 되는 구조가 마련될 때 지역경제는 지속 가능한 회복력을 갖게 된다.

대전의 골목 경제와 소상공인 공동체는 도시의 뿌리이자 시민의 일상과 가장 밀접하게 맞닿아 있다. 급변하는 시장 환경과 코로나19 팬데믹을 거치며 드러난 취약성은 상인과 지역 주민 모두에게 생존의 문제로 다가왔다. 매일 점포의 문을 여닫는 상인, 골목을 지키는 주민, 그 길을 오가는 시민 모두가 대전 경제의 지속 가능성을 떠받치는 주체이자 희망이다.

더 나은 내일을 위해 골목상권과 소상공인의 성장이 곧 시민의 삶의 질로 이어질 수 있어야 한다. 지역화폐 '온통대전'의 혁신과 확장, 골목형 상점가와 전통시장의 경쟁력 강화, 상권별 맞춤 지원, 경영 안정화와 디지털화 지원, 공동체 중심 마을경제로의 전환, 도시 균형발전과 원도심 활성화에 이르기까지 다양한 정책이 실질적으로 구현될 수 있도록 전력을 다하겠다.

삶의 질을 높이는 교육·복지 혁신

2025년 대전시 총인구는 약 144만 명이다. 이 중 65세 이상 고령자는 약 27만 3000명으로 전체의 18.9%다. 특히 중구와 동구는 고령화율이 22~23%에 달해 일부 지역은 이미 초고령사회로 진입했다. 독거노인은 6만 1527명(전체의 4.2%)이며, 여성이 67%다. 노인 1인 가구는 꾸준히 증가해 2025년 전체 가구의 13.2%에 이른다.

이러한 수치는 성인지적 관점에서 더 촘촘한 복지정책의 필요성을 보여준다.

대전의 돌봄 정책은 지역아동센터, 다함께 돌봄센터, 아동급식관리지원센터 등을 중심으로 운영되고 있다. 취약계층 아동을 위한 다양한 서비스가 지속적으로 제공되고 있는데, 앞으로는 지역사회 통합돌봄과 노인 맞춤돌봄 서비스까지 확장할 필요가 있다. 또한 디지털 배움터, 평생교육진흥원, 중장년지원센터와 연계하여 교육복지 생태계를 안정적으로 구축해야 한다.

대전시 복지 예산은 지역아동센터와 사회복지시설 운영, 돌봄친화도시 조성 등에 집중 투자되고 있다. 여성·노인·장애인 등 다양한 계층에 대한 복지정책은 더욱 강화될 필요가 있으며, 위기 상황에 즉각 대응할 수 있는 체계 구축이 중요하다. 복지·주거·의료·일자리 등 사회적 안전망 전반을 촘촘히 연결하는 것이 핵심 과제다.

대전은 평생학습도시 정책 추진을 통해 연간 14만 건이 넘는 평생학습 프로그램 이용 실적을 기록했다. 시민동아리, 학습공동체, 배달강좌 등 다양한 시민 참여형 콘텐츠가 활성화되며 평생학습 기반이 확대되었다. 이를 바탕으로 지역 복지관·학교·마을자치회가 하나의 네트워크로 연결되는 생애주기별 맞춤형 교육·복지 체계를 구축해야 한다. 특히 대전평생교육진흥원과 시민대학을 중심으로 평생학습 체계를 강화하는 것이 중요하다.

공정한 교육복지가 구현되도록 하고 장애 학생, 다문화 가족, 저소득층 아동도 차별 없이 지원받을 수 있도록 '선제 지원 시스템'을 구축해야 한다. 동시에 교사·복지사·학부모 의견을 꾸준히 반영하는 '시민참여협의체'를 활성화해 현장의 목소리가 정책에 자연스럽게 반영되어야 한다.

어린 시절 경제적·사회적 어려움으로 교육과 복지에서 소외되는 주변 친구들을 보며 자랐다. 이는 "모두가 평등하게 살아가는 도시"라는 소망으로 이어졌다. 시정을 책임졌던 시기에도 이러한 신념을 바탕으로 현장을 직접 찾아가 시민의 요구를 세밀히 듣고 정책에 반영하고자 노력했다.

민선 7기 재임 기간 동안 전국 최초로 초·중·고 무상급식을 전면 시행하고, 공교육·돌봄·양육·평생학습을 아우르는 대전형 교육·복지 모델을 발전시키는 데 주력했다. 교육 격차 해소, 맞춤형 복지 제공, 사회안전망 강화 등 '시민의 삶에서 체감되는 행복'을 실현하려는 정책적 신념이 모든 사업의 중심이었다. 앞으로도 '차별 없는 교육과 복지'를 위해 현장 중심 행정을 반드시 이루겠다.

미래형도시 인프라·교통 혁신

2025년 기준 대전광역시의 총인구는 약 144만 명으로, 고령화 심화와 지역 균형발전 문제가 동시에 부각되고 있다. 교통카드빅데이터 통합정보시스템의 자료에 따르면 대전 시내버스는 연간 약 1억 4000여만 건, 지하철은 3300여만 건의 통행량(2024년 발생량 기준)을 기록하며 매년 점진적으로 증가하고 있는 추세다. 특히 출·퇴근 시간대 주요 도로의 혼잡지수 상승과 이동 속도 저하는 시민 불편의 핵심 요인이다. 교통 혼잡 비용 또한 매년 증가하고 있다.

교통약자 이동지원센터의 월별 이용량은 꾸준히 늘어 사회적 약자의 이동권 보장이 시급함을 보여준다. 2025년 8월 기준 특별교통수단은 116대, 바우처 택시는 230대 수준이지만, 배차 지연과 대기 시간

증가로 운영상 어려움이 지속되고 있다. 교통약자의 일상 이동권이 실질적이고 체계적으로 개선되어야 한다는 점을 시사한다.

민선 7기 시정 경험과 미래도시 개발 비전에서 확인한 바와 같이 대전의 교통 문제는 데이터 기반 행정, 기술 혁신, 생활밀착형 시민 제안이라는 세 가지 축을 중심으로 해결해야 한다. 취약계층 이동권 보장, 친환경 교통체계 구축, 지역 간 이동 편의 증진, 교통 혼잡 해소, 일상적 안전 강화 등 시민이 체감할 수 있는 개선이 혁신 목표로 설정되어야 한다.

대전 트램·CTX·호남고속도로 건설 사업 '국비 반영' 〈출처 : 노컷뉴스 2025년 12월 3일〉

교통정책은 수립과 사업 평가 단계에서 시민 참여와 현장 피드백이 필수적이다. 실제로 시민 의견은 현장의 불편을 해소하는 데 중요한 실마리를 제공한다. 따라서 데이터 기반 의사결정과 함께 시민 주도형 개선 구조를 접목하는 것이 향후 교통 혁신의 핵심 전략이 될 것이다.

그동안 대중교통과 관련하여 관찰된 주요 문제는 도로 혼잡, 대중교통 접근의 불편, 고령 인구·장애인 등 교통약자에 대한 이동 제약 등이다. 이러한 문제는 세대와 지역별 격차를 심화시키며 시민 만족도에 직접적인 영향을 미친다. 이 같은 현실에서 '보행자 우선의 골목길 사업', 'AI·빅데이터 기반 실시간 교통정보 제공', '통합 모빌리티MaaS 서비스 도입' 등 생활 기반의 교통정책 전환이 절실하다.

대전의 미래도시 비전은 시민 모두가 안전하고 편리하게 살아갈 수 있는 기반 조성에서 출발한다. 시민참여 포럼, 지역 간담회 등 다양한 현장에서 제안된 개선 요구와 아이디어는 이미 축적되어 있으며, 이는 교통·인프라 혁신의 실질적 자산이다. 데이터 기반 행정 역량과 기술 도입 의지가 결합된다면 대전은 '시민 중심의 미래형 도시교통 모델'을 선도할 수 있을 것이다.

문화예술 통해 시민의 삶의 질 향상

대전의 문화예술 기반은 과학·산업 중심 도시 구조에 비해 상대적으로 취약하다. 2025년 기준 대전시 전체 예산 7조 2145억 원 가운데 문화·예술 분야 예산은 1234억 원(1.71%)에 불과하다. 2024년 기준 인구 10만 명당 문화기반시설 수는 4.3개로 전국 광역시 중 하위권이다. 시민 1인당 문화예산 역시 다른 광역시에 비해 낮다. 원도심 지역은 문화공간이 확충되고 있으나 생활권 내 문화시설 접근성, 창작·전시·공연 인프라, 청년·신진예술인 활동 기반 등에서 전반적 시민 만족도는 충분치 않다.

2024년 문예연감 자료에 따르면 대전의 문화·예술 활동 건수는 1421건으로 전년 대비 감소하였다. 인구 10만 명당 활동 건수 역시 2022년 102.8건에서 2023년 98.9건으로 감소하였다. 이는 지역 문화·예술 정책이 여전히 현장 친화성과 다양성, 균형성 측면에서 부족하다는 지적과 닿아 있다. 생활문화공동체와 동아리 활동, 찾아가는 무대 등에 대한 수요와 요청은 확대되고 있으나 예산·인력·기획력, 창작 기반 약화 등 구조적 제약이 계속되고 있다.

문화예술은 시민의 삶의 질 향상, 정신적 풍요, 공동체 활력, 창의적 혁신의 원동력이라는 점에서 사회적 가치가 매우 크다. 그동안 현장에서 축제, 예술인 지원사업, 문화행사 등을 직접 살피며 확인한 시민 수요, 예술가·기획자·청년 창작자들의 생생한 의견, 행정의 예산·기획·조

첫 번째
오색빛 담은 민
주관 : 대전민화협회
주최 : (사)대전미술협회 전통미술분과

정 역량은 정책 실행의 중요한 기반이 될 것이다. 향후 문화 분권, 지역문화 자치, 생활·공공예술 확산, 문화복지 실현, 시민 체감형 프로그램 확대 등 구체적 방향이 제시되어야 한다.

대전의 모든 시민이 일상 속에서 문화를 향유하고 창작 활동과 공동체 활동에 자유롭게 참여할 수 있도록 문화적 접근성을 획기적으로 높여야 한다. 이를 위해 생활문화 지원 확대, 창작 공간 확충, 미디어·디지털콘텐츠 기반 협력 프로그램 강화, 청년 예술인 육성, 지역 간 문화 격차 해소, 우수 기획 및 민간 협업 확장 등이 필요하다. 동시에 프로그램의 다양성과 현장성, 예산의 효과적 배분을 통해 도시 전체의 문화 역량을 균형 있게 성장시키는 것이 중요하다.

향후 정책은 '시민이 체감하는 변화'를 중심 가치로 삼고 일상에서 접근 가능한 문화인프라 확충과 예술인의 안정적 창작 환경 보장을 함께 추진해야 한다. 단순한 시설 확충을 넘어 생활문화·창작문화·공공문화가 유기적으로 순환하는 생태계를 조성해 문화융성을 추구하고 문화예술을 통해 시민 삶의 질이 높아지는 계기로 삼아야 한다.

충청권 초광역의 미래를 그리다.

2025년 현재 대전·충남 행정통합 민관협의체와 양 시·도는 2026년 7월 '대전충남특별시' 출범을 목표로 통합 특별법 제정과 공감대 확산 작업을 진행 중이다. 그러나 주민투표 생략, 공론화 부족 등을 이유로 시민단체·교육계·기초지자체 등에서 절차적 정당성이 미흡하다는 비판을 제기한다. 통합 논의에 따른 폭넓은 주민 의견 수렴과 합의가 필요하다는 주장이다.

통계청과 시·도 GRDP 통계에 따르면 충청남도의 1인당 GRDP는 2021년 기준 5762만 원으로 울산에 이어 전국 2위에 해당하며 전국 평균 4027만 원을 크게 웃돈다. 같은 시기 대전광역시의 1인당 GRDP는 2975만 원(2022년 3159만 원)으로 상대적으로 낮다. 대전의 청년인구(18~39세)는 40만명이 채 안된다. 충남 역시 청년 유출과 고령인구 고착화로 일부 시·군이 인구소멸 위험 단계에 진입하고 있다. 이러한 지표들은 행정통합 논의와 별개로 인구감소·청년 유출·고령화 등 구조적 문제가 여전히 심각함을 보여준다. 행정 통합만으로는 지역 문제를 해결하기 어렵고 권역 연합, 초광역 협력, 기능별 분권화 등 대안적 모델을 병행해야 한다는 연구와 전문가 의견으로 이어지고 있다.

인구감소와 지역소멸, 고령화, 산업구조 전환 등 복합적인 지역 문제에 대응하기 위해서는 개별 지자체 차원을 넘어서는 맞춤형 거버넌스와 초광역 협력이 필요하다. 여러 연구에서는 광역시와 도를 하나로 묶는 단순 행정통합 방식보다 광역 연합 형태의 초광역 협력, 복수의 중심도시가 기능을 분담하는 메가시티형 네트워크, 중앙-광역-기초 간 기능별 분권과 역할 재배분 등을 대안적 모델로 제시하고 있다.

주민 참여와 충분한 공론화 없이 속도전으로 추진되는 통합은 갈등과 불신을 키우므로 시·도민 공감대 형성과 사회적 논의가 선행되어야 한다. 행정 경계가 아니라 실제 생활권을 기준으로 한 권역 구성과 그 안에서의 상생협력·협력적 거버넌스 체계가 중요하다.

충청권 통합이라는 명제는 지역의 미래와 공동운명에 대한 깊은 고민에서 출발해야 한다. 대전과 충남이 단순히 행정적으로 결합하는 것이 아닌 각 도시와 공동체가 가진 고유한 역사, 경제, 복지, 자치의 다양성이 충분히 보호되고 존중되어야 한다는 신념이 우선되어야 한다.

모든 혁신은 시민의 목소리와 자치의 가치, 그리고 지역 특성과 데이터에 기반해야 한다. 충청권이 맞이한 고령화, 청년유출·지역격차를 GRDP의 현황에서 볼 때 진정한 초광역 발전은 권역별 협력(메가시티 네트워크), 생활권 맞춤 공동체 모델, 주민 참여형 분권 연대라는 실질적 접근이 우선되어야 한다.

단순한 통합이 아닌 모든 세대와 계층, 도시와 마을이 주체로 참여하는 열린 구조로 초광역 미래를 설계해야 한다. 대형 프로젝트 기획·실행, 복합갈등 조정, 데이터 분석과 중장기 전략 설계의 역량을 최대한 발휘하여 행정구조만이 아니라 교육, 일자리, 복지, 도시브랜드 등 생활 변화로 체감되는 혁신을 실현해야 한다. 현장의 실상 없는 구조조정식 통합보다는 충청권 전체의 잠재력을 극대화할 수 있는 맞춤형 발전 전략, 민주적 합의 기반 연합체를 모색해야 한다.

나는 시민사회 중심, 생활권 분권, 데이터와 근거에 기초한 혁신 행정, 권역별 자치와 열린 협치로 충청권이 대한민국 균형발전의 모범이 되도록 모든 역량을 집중하겠다. 미래의 더 나은 충청권을 위해 소외 없는 상생, 실질적 경쟁력, 시민 각자의 자부심이 되살아나는 초광역 거버넌스 비전 구축을 시민들과 함께 반드시 이루겠다.

시민 참여와 도시 거버넌스 혁신

민선 7기에 역점을 두었던 대전시정은 시민주권 도시를 정착시키는 일이었다. 과거 전문가 중심·행정 주도 구조에서 벗어나 시민 주도형 참여 모델로 꾸준히 진화했다. 그러나 근래 시민참여예산이 대폭 삭감되고 시민주권이 훼손되는 일들이 비일비재해지면서 시민 참여 제도의 근간이 흔들리고 있다.

거버넌스 혁신 모델 또한 후퇴하고 있다. 이익공유형 협치, 주민생활

의제 실시간 의사결정, 마을공동체 위원회 운영 등 다양한 실험을 통해 전국적으로 우수 평가를 받았으나 최근에는 시민사회를 무시하고 이익 대립의 조정 역할에 실패하는 행정을 보이고 있다. 정보 접근성·공유 인프라의 부족 등 구조적 문제도 불거지고 있다.

대전이 마주한 인구감소, 기후 위기, 청년 문제, 지역 격차 등 복합 문제는 행정 단독으로는 해결하기가 어렵다. 무엇보다 시민·전문가·현장이 결합된 참여형 의사결정 구조를 구축해야 한다. 문제를 발견하고, 논의하고, 결정하는 과정에 시민이 실질적 주도권을 갖는 것이 필수적이다.

주민참여예산, 생활의제 워킹그룹, 시민자문단, 마을공동체위원회 등 참여기구가 실제로 시정 설계, 집행, 평가 과정에 영향력을 행사할 수 있도록 구조를 제도적으로 고도화해야 한다.

특히 주민참여예산과 정책제안 플랫폼은 단순 의견 접수 기능을 넘어 행정이 즉각적으로 응답하고 제도화할 수 있는 체계로 발전시켜야 한다.

도시 거버넌스는 참여의 양적 확대뿐 아니라 공정한 절차와 신뢰 구축이 핵심이다. 갈등과 의견 대립이 발생할 때 소외된 목소리를 포함해 공정하게 조정할 수 있는 조정 기제가 발동되어야 하며 논의의 절차적 정당성을 확보하는 숙의 과정과 정보공개, 소통의 일상화가 필수적이다. 이러한 원칙을 기반으로 행정혁신을 지속해 시민이 도시정책의 최종 결정자이자 관리자가 되는 실질적 시민주권 도시로 거듭나야 한다.

대전의 미래는 행정가 개인의 역량이 아니라 시민 모두의 참여와 협력을 통해 이루어진다는 믿음을 바탕으로 완성되어야 한다. 참여·협치·신뢰에 기반한 새로운 시민주권 구조는 도시 경쟁력을 높이는 핵심이며 열린 의사결정 과정에서 누구도 배제되지 않는 공론장의 정착이 그 출발점이다. 이를 통해 시민의 작은 불편부터 도시의 장기적 의제까지 신속하게 대응하고 해결하는 신뢰 기반 도시 거버넌스를 구축해야 한다.

결심, 일곱

"더불어 잘사는 행복한 대전을 만들겠습니다"

나에게는 꿈이 있습니다. 모든 시민이 안전하게 더불어 살아가고, 누구도 차별받지 않으며 존중받는 대전, 녹색에너지가 실현된 깨끗한 환경 속에서 인간과 과학이 조화를 이루고, 문화와 예술이 활짝 피어나는 대전, 과학 기반의 AI·바이오 등 첨단산업의 고도화를 통한 도시 경쟁력 강화와 시민 삶의 연계로 세계가 부러워하는 대전, 열심히 일하면 오늘보다 더 나은 내일을 꿈꿀 수 있고, 실패해도 다시 일어설 기회가 주어지는 대전, 부모의 경제적 상황에 따라 아이들의 꿈의 크기가 다르지 않고, 청소년과 청년에게 넓은 미래와 희망이 열리는 대전, 그렇게 시민이 주인이 되어 충청의 심장, 대한민국의 중심으로 당당히 서는 대전을 꿈꿉니다.

저는 지난 시간 새로운 대전의 미래를 치열하게 설계해 왔습니다. 이제 그 설계도 위에 시민과 함께 아름답게 색을 칠해 나가겠습니다.

기본사회가
민주주의다!
민주당 기본사회위원회
광역위원장

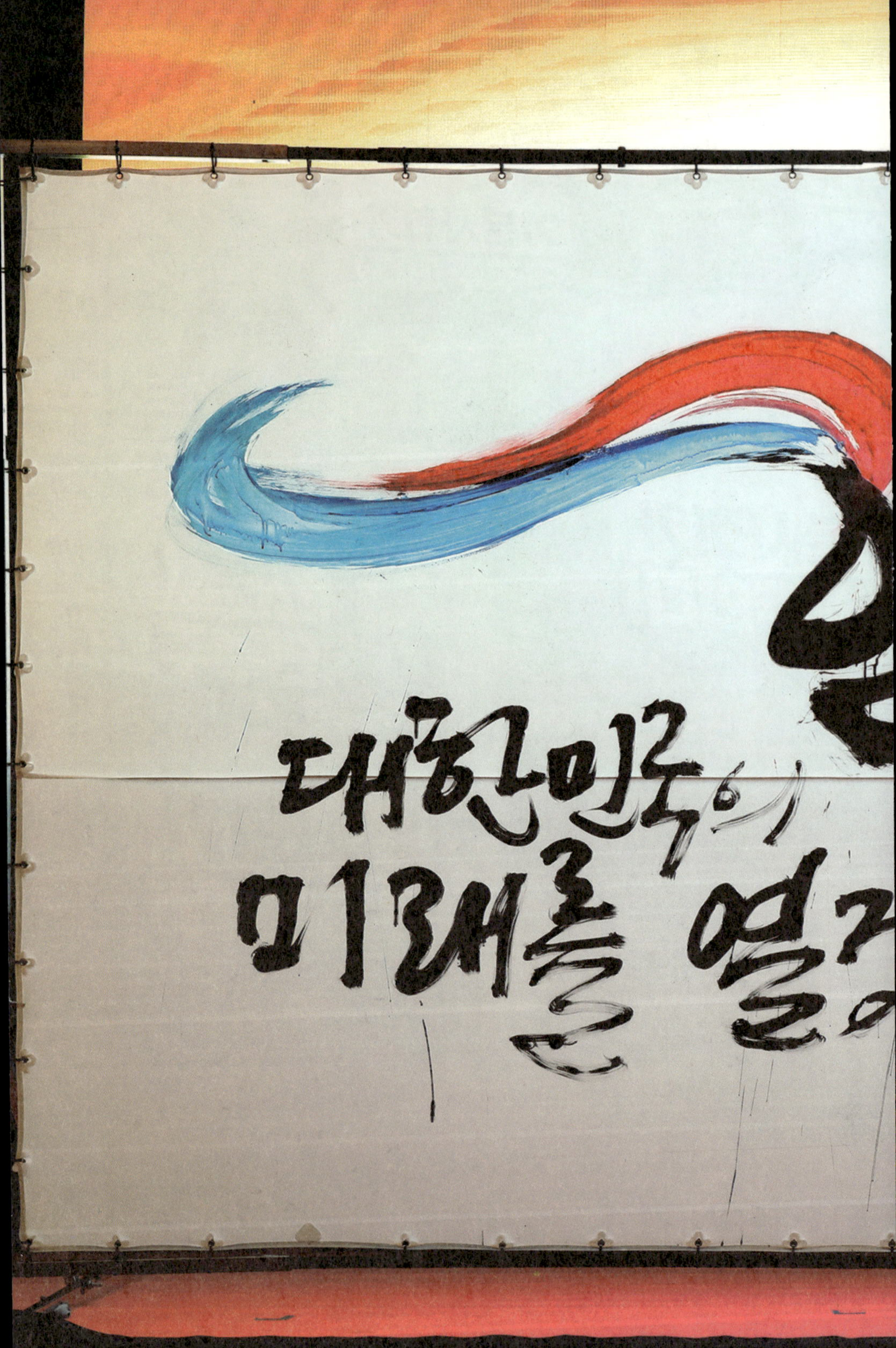
대한민족의
미래를 열

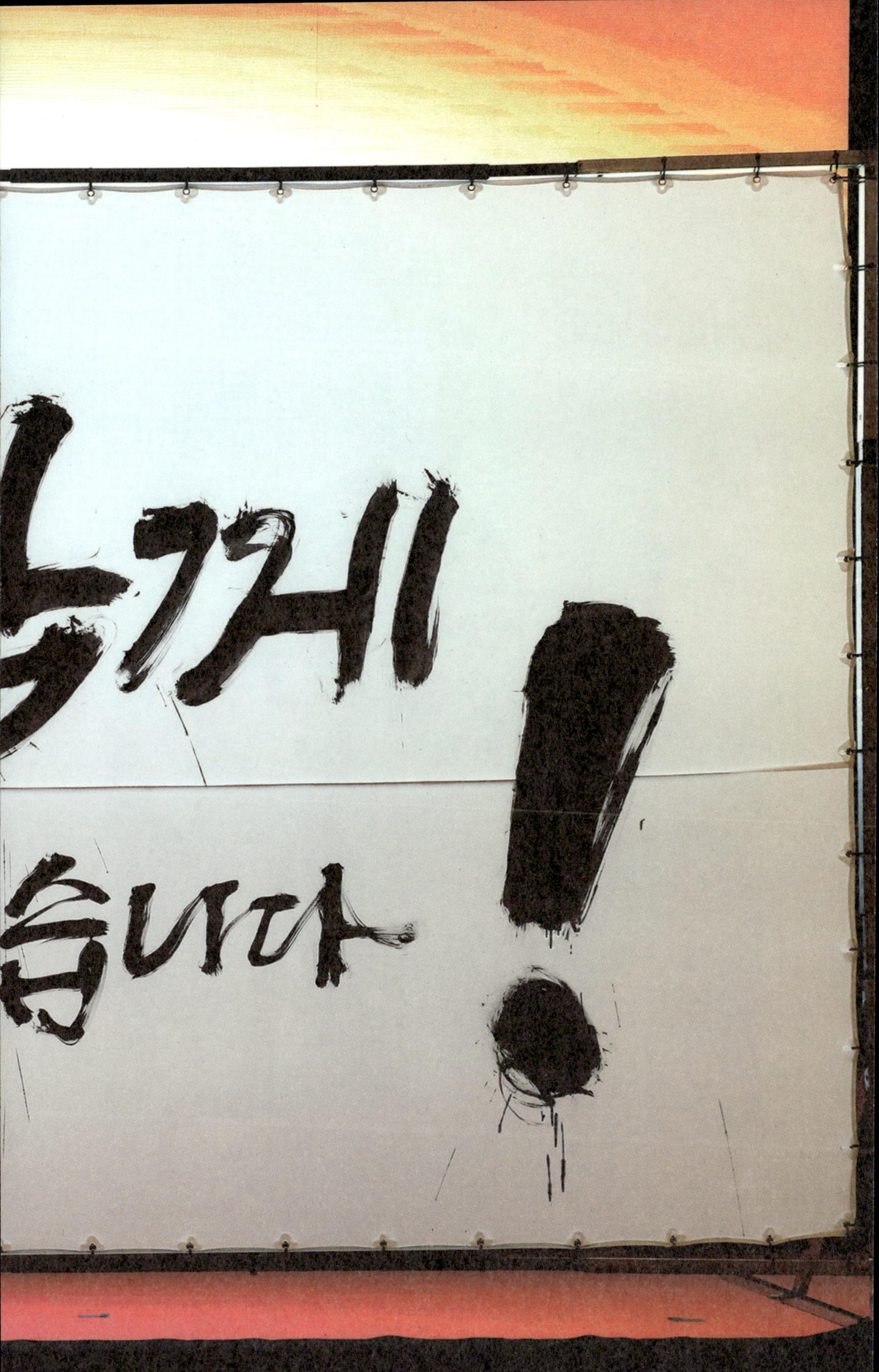

에필로그

“시장하시죠?”

민선 7기 선거 기간 동안 전통시장을 돌아다니며 뚜벅이 선거 운동을 할 때였다. 조금 늦은 점심을 먹기 위해 한 기사식당에 들러 백반을 주문했다. 쟁반 가득 밑반찬을 들고 오며 식당주인이 한 마디 한다.

"시장하시죠?"
"네, 꼭 시장하겠습니다."

3초의 정적, 주변 사람들이 웃기 시작했고 어리둥절하던 식당 주인도 뒤늦게 알아차리고 배꼽을 잡았다. "배가 고프시죠."라는 말을 즉흥으로 "시장市長하겠다"고 받아친 것이다. 하다가 멈춘 일들이 참 많다. 여전히 대전시민을 위해 해야 할 일이 많아서 나는 여전히 배가 고프다.

"I'm still hungry."

2002년 월드컵 대한민국 국가대표 팀이 16강에 진출한 뒤 히딩크 감독이 한 말이다. 그리고 그 해 결국 4강까지 진출했다. 이 말은 곧 '준비된 자가 좋은 결과를 만들어 낼 수 있다'는 의미로 해석됐고 지금도 수 많은 사람들이 이 말을 이런저런 곳에 인용한다. 애플 창업자인 스티브 잡스도 비슷한 말을 했다. 2005년 스탠포드대학교 졸업식 연설을 통해 "Stay hungry, Stay foolish"라고 말했다.

"늘 배고프고, 늘 바보 같아라"

의역하자면 늘 갈망하고, 늘 우직하라는 뜻으로 풀이된다. 그는 "여러분은 배부르면 안 됩니다. 끊임없이 배고파야 합니다. 그래야 무언가를 구하게 됩니다. 절대로 만족하지 마세요"라고 권한다. 나의 '배고픔(시장)'은 식당에서 벌어진 잠깐의 해프닝이 아니다. 늘 준비하고 갈망하고 노력해야 한다는 사실을 다시금 일깨운 중요한 순간이었다.

민선 8기 대전시장 출마를 선언하고 공식 운동에 돌입하던 날, 파란색 선거운동복을 입은 나를 보고 많은 시민들이 화를 냈다.

"정치 똑바로 해!"
"꼴도 보기 싫다."

무턱대고 지르는 고함에 처음엔 섭섭한 마음도 많이 들었다. 하지만 지나고 보니 섭섭한 마음은 내가 아닌 그분들이 더 컸다는 생각이 들었다. 민주당을 지지했고 민주당이 승리하길 바랐다. 하지만 어이없는 결과에 모두가 화난 것이었다. 대전시장 현직이었던 나를 비롯해 민주당 구성원 모두가 그때 조금 더 배가 고팠더라면 과연 정권을 빼앗겼을까? 비로소 정권을 잃고 나서야 많은 이들이 "아차"했다. 시민들의 화난 목소리는 높아만 갔고 여기저기 질책이 쏟아져 나왔다. 그렇다, 결코 쉽게 배부르면 안 됐다. 앞으로 정치하는 내내 '배고픔'을 새기고 오로지 시민만을 바라보겠다 다짐한다.

"시장하시죠?"
"네, 꼭 시장하겠습니다."